Este livro é dedicado a todos os buscadores do verdadeiro Eu

Copyright © 2011 Catherine Wilkins
Todos os direitos reservados. Nenhuma parte deste livro poder ser reproduzida ou transmitida em qualquer forma ou por qualquer meio, eletrônico ou mecânico, incluindo fotocópia, gravação ou qualquer armazenamento de informação, e sistema de cópia, sem permissão escrita do editor.

Direção editorial: Júlia Bárány Yaari
Edição, preparação e revisão: ProLíbera Editora
Projeto gráfico e diagramação: ProLíbera Editora
Capa e imagens internas: Emília Albano
Arte da capa e das entradas de capítulo: Mark Stott - Common Creative

---

Dados Internacionais de Catalogação na Publicação (CIP)
(Câmara Brasileira do Livro, SP, Brasil)

Wilkins, Catherine
Fractologia - o poder curativo do holograma / Catherine Wilkins - [tradução Monika von Koss] - 1.ed. -- São Paulo: ProLíbera Editora, 2011.
Título original: Manual for the Mind
ISBN: 978-85-61080-12-9
1. Aptidão psíquica 2. Cura energética 2. Fractais/holograna 3. Parapsicologia
I. Título
11-07231   CDD - 133.8

Índice para Catálogo Sistemático:
1. Fractologia: Ciência das habilidades metafísicas: Poder curativo do holograma: Cura energética: Parapsicologia 133.8

Todos os direitos desta edição reservados à
ProLíbera Editora © 2011
São Paulo - SP - Brasil
contato@proliberaeditora.com.br

www.proliberaeditora.com.br
Livro para Ser Livre

Fractologia
O Poder Curativo do Holograma

Catherine Wilkins

São Paulo - 2011

Agradecimentos

Eu gostaria de agradecer a todas as pessoas sem as quais esta edição brasileira teria sido impossível.

Rowland Barkley foi o primeiro a trazer a versão inglesa ao Brasil. O apoio e a valorização que Monika Von Koss teve pela Fractologia abriram portas entre a Austrália e este país maravilhoso. Mark Stott criou belas imagens que abarcaram a essência da obra. A fotografia sensível de Peter Adams criou a conexão visual. O maravilhoso profissionalismo de Júlia Bárány deu ao livro sua forma atual. Estelle Cainey, Praticante de Fractologia em Nova Zelândia, continua a prestar apoio inestimável. E sem dúvida todas as pessoas a quem eu devo o desenvolvimento desta obra: meus professores, alunos e clientes. Sem a confiança e a visão delas, a Fractologia jamais teria existido.

Sumário

APRESENTAÇÃO à publicação brasileira   7
por Monika von Koss
INTRODUÇÃO: A EPIDEMIA SILENCIOSA   9

O PODER DE UMA IDEIA - I   11

1. A Natureza do Sofrimento   12
Um Problema Global   15
Acidente da História   19
Compreensão   21
As Chaves   25

COMPREENDENDO AS CINCO CHAVES - II   29

2. A Primeira Chave: Fluxo Bioelétrico   30
Vitalidade   32
Conexão   35
3. A Segunda Chave: Campos Biomagnéticos   38
Estabilidade   41
Força   42
Presença   45
4. A Terceira Chave: Realidade Holográfica   48
O Infinito   53
5. A Quarta Chave: Padrões Fractais   55
Clareza   59
Confiabilidade   61
Consistência   62
Amplitude   64
6. A Quinta Chave: Amor   67
Graça   70

COMO USAR AS CINCO CHAVES - III   73

7. Prática em Fluxo Bioelétrico   74
Manutenção Energética   74
Alcançar e Recuar   77
8. Prática em Campos Biomagnéticos   81
Mantendo Espaço   81
Abdominais Espaciais   85
9. Prática em Realidade Holográfica   89
Equilibrando o Corpo   89
Criando Ressonância   90
10. Prática em Padrões Fractais   93
Reconhecimento de Padrões   93
11. Prática em Amor   97
Gratidão Matutina e Vespertina   97
Um Espaço Amoroso   99
Empatia   101
12. Manobras de Treinamento Telepático   107

POSFÁCIO: A GRANDE REVOLUÇÃO   111

Apresentação

É com muita alegria que apresento ao público de língua portuguesa o livro de Catherine Wilkins, em que ela nos introduz em práticas simples e poderosas, que resultam em uma percepção energética e sutil mais aguçada e maior habilidade em utilizar nossos recursos latentes, na criação de uma vida mais harmônica e eficaz.

Além dos cinco sentidos, que nos permitem entrar em contato com o mundo físico, todos nós possuímos habilidades que nos permitem ir além do mundo material e criar conexões, curas, entendimentos e novos modos de ser e se relacionar, até então atribuídos apenas a alguns seres excepcionais.

Nos tempos atuais, contudo, mesmo pessoas desvinculadas de uma tradição religiosa estão despertando para suas habilidades sensitivas. A ausência de uma prática, que possibilite compreender e utilizar de forma equilibrada estas habilidades, gera insegurança e confusão. Esta é uma das razões pelas quais este livro vem em boa hora.

O que me encantou de imediato em seu texto foi a linguagem clara e precisa com que nos apresenta a estrutura básica do campo energético humano e suas leis. Com uma visão científica, que não requer nem se contrapõe a qualquer crença religiosa, Catherine Wilkins desenvolveu um método que nos conduz passo a passo por um processo confiável e seguro de liberação de nossos bloqueios energéticos. Por meio de práticas simples e eficazes, aprendemos como aprimorar e aplicar estas leis, para benefício pessoal e na interação com o mundo, desenvolvendo uma lógica intuitiva e uma intuição lógica.

À medida que praticamos, vamos nos tornando mais habilidosos em perceber e aplicar estas capacidades em nossa vida cotidiana, trazendo uma maior consciência de quem somos e qual a vida que queremos viver..

Monika von Koss
Psicóloga e Escritora
Espaço Caldeirão
www.monikavonkoss.com.br

Introdução: a Epidemia Silenciosa

Todo problema na vida é a solução para um problema anterior. Em lugar algum isto está mais claramente demonstrado do que em nossa sociedade atual.

Nos anos finais de 1700 e iniciais de 1800, mudanças tecnológicas na Inglaterra assistiram ao nascimento da Revolução Industrial. Esta solucionou numerosos problemas e criou muitos problemas novos. Para muitos, houve dificuldades ao longo do caminho, mas no final, o padrão médio de vida alcançou níveis antes inimagináveis. A alfabetização e os livros tornaram-se amplamente difundidos; crianças foram liberadas do trabalho para estudar; novas oportunidades e carreiras se abriram; muitos produtos, anteriormente acessíveis apenas para os ricos, tornaram-se rapidamente disponíveis; e a fome diminuiu. Mas a surpreendente tecnologia que criou todas estas soluções também criou um imenso problema novo – a doença industrial.

Doença industrial foi o termo dado a uma síndrome nunca vista anteriormente. Ela incluía muitos sinais e sintomas não específicos de doença, desde tosse e infecções persistentes, até fadiga geral e visão borrada. Febre e calafrios eram muitas vezes acompanhados por fraqueza geral. Estes problemas não eram causados por nenhum fator único, mas por múltiplos novos fatores, criados por esta revolução.

Onde anteriormente não existia poluição atmosférica, agora as fornalhas de carvão que alimentavam as turbinas da revolução criavam fumaça escura. Novas formas de estresse físico apareceram, à medida que as pessoas se submetiam a tarefas repetitivas por longos períodos de tempo – geralmente por diversas horas sem interrupção. E havia o estresse emocional. A palavra "tédio" [*boredom*, em inglês] não existia na língua inglesa, antes dessa época. Novas palavras tiveram que ser inventadas para descrever novas experiências.

Com o tempo, a maioria dos problemas da Revolução Industrial foi resolvida. Estas soluções podem ser vistas em países desenvolvidos, apesar de muitas delas ainda precisarem ser estabelecidas nos países em desenvolvimento.

Agora, mais uma vez, estamos experienciando uma epidemia, à medida que a sociedade atravessa uma revolução. Igual à doença industrial, é um problema com muitos fatores, causas e resultados. Assim como foi com a doença industrial, vai levar alguns anos antes que seja amplamente compreendida. Assim como a doença industrial, ela está afetando milhões de vidas. E assim como foi com a doença industrial, é o resultado da poluição da mudança social. Só que desta vez a poluição não é física – ela é metafísica. Desta vez, a epidemia não é barulhenta e óbvia – ela é silenciosa. E desta vez, ela não está afetando primeiro nossos corpos, mas nossas mentes.

Este livro é um testemunho para todos aqueles que sofrem desta vasta e silenciosa epidemia. Que ele possa trazer-lhes esperança e paz, e a certeza de cura.

I

O Poder de uma Ideia

1 A NATUREZA DO SOFRIMENTO

A vida é cheia de sofrimento. Em diferentes momentos e diferentes idades, o sofrimento que a maioria vivencia pode mudar de forma, mas ele está sempre aí. As formas e os efeitos do sofrimento mudam, mas ele persiste. Você está sofrendo agora?

- Você acorda cansado – talvez até mais cansado do que quando foi dormir?

- Você sente falta de energia?

- Você sofre de dores físicas e dores que não têm uma causa física aparente?

- Você acha difícil manter uma sequência clara de pensamentos?

- Você está cronicamente deprimido ou irado?

- Você é afetado sem razão pelas emoções de outros?

- Você acha difícil lidar com multidões?

- Você sente o desejo de evitar pessoas ou a necessidade de escapar para o campo, a fim de se sentir são?

- Você se sente fraco e fragmentado, como se não tivesse força interior?

- Às vezes você tem dificuldade em sentir seu corpo, como se você estivesse "flutuando"?

Se você respondeu "sim" a cinco ou mais destas perguntas, então você provavelmente está sofrendo da epidemia silenciosa.

Muitas pessoas no mundo, neste exato momento, estão sofrendo. Se você é uma delas, você encontrou seu caminho para o lugar certo. Este livro vai colocá-lo em um caminho de cura e de força recém-encontrada.

Todo sofrimento oculta em suas surradas dobras as sementes de uma dádiva. Quando o sofrimento é explorado, alisado e liberado, a dádiva se revela. Este sempre tem sido o caminho da vida, do crescimento. E continuará a ser.

É necessário coragem, força e sabedoria para reconhecer que a vida é cheia de dor e sofrimento. Este é o outro lado da moeda da alegria, amor, crescimento e sabedoria. Os dois são inseparáveis. Contudo, sempre de novo, é necessário confrontar e curar um lado, para experienciar o outro. Para você se curar, ou curar outros, você precisa primeiro confrontar a verdadeira natureza de seu sofrimento – a verdadeira natureza da epidemia silenciosa.

Nesta epidemia, não se trata de uma doença física, mas de um estresse metafísico. Ela não é causada por falta de consciência. Eu vou repetir isto. *Ela não é causada por falta de consciência.* Pelo contrário, a doença que está se esgueirando nas mentes e nos corações de muitas pessoas corajosas é causada por um crescimento *descontrolado* da consciência e da percepção desperta.

À medida que a consciência se amplia, a percepção desperta inevitavelmente começa a se expandir. Depressa demais, quer você reconheça rapidamente a realidade do metafísico ou não, se a sua consciência está se ampliando, você chega a um ponto em que habilidades metafísicas ou psíquicas se desenvolvem.

Isto é algo grandioso e maravilhoso. Habilidade metafísica, tal como telepatia, pode ser um adicional maravilhoso para todas as suas demais habilidades. Quando sua mente se abre deste modo, você pode começar a compreender sua mente e a mente dos outros, como nunca antes. Mas isto também pode ativar sofrimento.

Habilidade metafísica consiste em mais do que apenas ser capaz de sentir quando seus amigos estão para lhe telefonar. É mais do que saber, sem que lhe seja dito, quando alguém próximo a você está com problemas. A habilidade psíquica é mais do que captar a gentileza ou a violência que tenha ocorrido em um lugar geográfico específico. É mais, muito mais.

Imagine, por um momento, que você tenha a habilidade de captar os pensamentos de qualquer mente, em qualquer lugar – não apenas do outro lado da sala, ou do outro lado da rua, mas do outro lado do mundo. Talvez mesmo do outro lado da galáxia. Como isto afetaria seu pensar?

Imagine que você possa sentir não apenas as emoções, mas a experiência destilada de sete bilhões de almas. Como você se sentiria? Com todo o luto, alegria, medo, amor, raiva, perdão, dor e compaixão de todo coração humano dilacerando o seu, onde haveria espaço para suas próprias emoções? Como você poderia mesmo saber quais emoções são suas?

E se toda esta experiência de emoções destiladas fosse acompanhada pela dor física associada? Imagine que, em qualquer e todo momento, você pudesse sentir as punhaladas e os machucados de toda vítima de violência, e a dor lacerante daqueles que sofreram acidentes, e o trabalho de parto de todas as mulheres parindo, e a dor nas costas de todos os idosos, junto com cada pequena aflição e dor e arranhão e coceira afligindo cada pessoa em momentos da vida dela. Imagine.

Você estaria de fato sofrendo.

Exatamente como muitas pessoas estão sofrendo. Sem uma compreensão da dádiva que está criando seu sofrimento, muitas destas pessoas são erroneamente diagnosticadas como tendo doença mental, fadiga crônica ou depressão.

Se você tem habilidades metafísicas, mas é incapaz de controlá-las, você começará a sofrer da epidemia silenciosa. Se sua condição é rotulada pelas pessoas que não compreendem sua verdadeira natureza, elas vão chamá-la de alguma outra coisa.

Se você possui habilidades metafísicas, você pode estar recebendo os pensamentos de outros, acreditando que são seus próprios pensamentos. Isto é chamado de telepatia. Sua confusão resultante pode estar sendo vista como uma doença mental.

Empatia é a habilidade de experienciar as emoções de outros. Sem treinamento, você pode sentir que são as suas emoções. Isto pode deixar você errático ou deprimido.

Habilidades metafísicas envolvem o uso de energias poderosas. Se estas energias não são mantidas adequadamente equilibradas, o sistema nervoso pode "fundir-se". O estresse resultante pode deixar você fraco e exaurido, com todos os sintomas e sinais de fadiga crônica ou fibromialgia.

Com habilidades metafísicas instáveis, você estará sofrendo sem saber por quê. Rótulos atribuídos ao seu problema, tais como doença mental, depressão ou fadiga crônica serão de pouco auxílio, se a causa está em outro lugar. Apenas alguém com habilidades metafísicas estáveis pode dizer-lhe a razão de você estar sofrendo e o que fazer a respeito.

Um problema global

A habilidade psíquica, ou metafísica, está aumentando em todo o mundo. Isto é mais do que apenas uma sensação geral ou crença sustentada por muitas pessoas. Vamos revisar a evidência.

Certamente, o crescente interesse atual pelo espiritual apoia esta crença. À medida que as pessoas crescem metafisicamente, elas são naturalmente atraídas para tais questões. Mas isto é algo mais do que uma moda?

Se o movimento da consciência é uma moda, ele tem se mostrado surpreendentemente robusto. Questões espirituais têm feito, e desfeito, civilizações por milênios. O fato de que a importância destas questões está mais uma vez em ascensão é mostrado pela quantia cada vez maior de dinheiro gasto nesta área, bem como o uso crescente de temas espirituais na propaganda. Independentemente do que você possa pensar dos executivos da propaganda, eles mantêm estatísticas exaustivas daquilo que motiva as pessoas.

Mas um interesse no espiritual não indica necessariamente a presença de habilidade psíquica. De fato, algumas seitas cristãs podem argumentar que os dois são mutuamente exclusivos. Assim, existe qualquer evidência mais forte para o aumento da habilidade psíquica?

Sim. Infelizmente ela é mais evidente no aumento da *instabilidade* psíquica. Sem treinamento apropriado, a maioria das pessoas que desenvolve habilidade psíquica é instável. Elas são incapazes de lidar com a massa de informação que estão recebendo sobre outras pessoas, ou controlar as energias que estão acessando. De fato, muitas destas pessoas nem acreditam que captam pensamentos ou sentimentos de outros. Elas acreditam que cada pensamento em sua mente é delas mesmas, e cada emoção ou dor que experienciam também é delas. Isto pode lhes causar grandes problemas.

Quanto mais informação uma pessoa recebe de outros, maior a chance de a pessoa ser avassalada pela informação. Quanto maior a habilidade da pessoa, maior sua responsabilidade.

A doença mental está aumentando em todo o mundo. O fenômeno foi extensamente documentado pela Organização Mundial da Saúde (OMS). Isto costumava ser um problema apenas nos países desenvolvidos, onde o estilo de vida urbano estava bem estabelecido. Ultimamente, contudo, está se tornando mais comum em países em desenvolvimento, principalmente em áreas urbanas.

À medida que a população se concentra em determinadas áreas, o número de pensamentos, emoções e dores corporais que uma pessoa sensível "recebe" de outros nesta área aumenta. À medida que mais e mais pessoas habitam uma região, aumenta o número de pessoas às quais uma pessoa sensível está "exposta". Isto tem a ver com a natureza da telepatia, da empatia e de outras habilidades metafísicas.

Essencialmente, pessoas sensíveis são telepaticamente mais abertas àquelas com as quais estão em contato energético. Discutiremos isto mais profundamente adiante. Quanto mais forte a energia de um indivíduo, ou quanto mais proximamente agrupadas as pessoas em seu redor, mais essa pessoa estará exposta metafisicamente.

Com certeza muito do aumento da doença mental em países desenvolvidos deve-se ao aumento do estresse que as pessoas estão experienciando. Além de todo o estresse normal da vida urbana, os habitantes de cidades abarrotadas carregam o fardo adicional de precisarem se ajustar a um novo estilo de vida, à medida que sua cultura se transforma. Habilidade metafísica não treinada está acrescentando enorme estresse a essas pessoas, muitas das quais vêm de culturas em que a habilidade metafísica sempre foi reconhecida.

À medida que você começa a compreender a verdadeira natureza das habilidades metafísicas, ou psíquicas, você começará a reconhecer muitos dos sinais do aumento destas habilidades.

A habilidade metafísica é uma consequência direta da natureza holográfica da realidade. O que exatamente é isto, e o que significa, será discutido em mais detalhes adiante. Mas você sabe o que é um holograma – é uma imagem tridimensional. Você pode ver imagens desse tipo em chaveiros, cartões postais e mesmo cartões de crédito. Se nossa realidade é holográfica, e parece que ela é, então isto significa que a percepção e a consciência são mais reais do que qualquer outra coisa.

Além do mais, significa que a percepção psíquica e o reconhecimento de padrões estão intimamente conectados. Isto porque a estrutura de um holograma é baseada em padrões, chamados fractais. É a apreensão e percepção destes padrões que permite à habilidade metafísica tornar-se confiável, acurada e consistente. Você vai aprender mais sobre padrões fractais adiante.

Quando você compreende a conexão direta entre padrões e percepção psíquica, dois fatos se tornam extremamente interessantes. Primeiro, certas tribos que são conhecidas por sua força na área metafísica, não ensinam a suas crianças a lógica sequencial da matemática moderna. Em vez disto, suas crianças aprendem a reconhecer padrões. É importante ser capaz de ler padrões de marcas no chão, quando você está rastreando algo. Alcançar um veado e jantar é importante para a sobrevivência, assim como também o é não cruzar com um lobo ou leão.

O segundo fato interessante é que, junto com o aumento global de habilidades psíquicas, o QI também está aumentando no mundo. A evidência deste aumento foi coletada por James Flynn da Universidade de Otago, em Dunedin, Nova Zelândia.

Este aumento foi chamado de Efeito Flynn e deixou perplexos os especialistas em inteligência, porque o aumento no QI está vindo principalmente de um aumento em apenas uma área – o reconhecimento de padrões. Em áreas como matemática ou aritmética, não existe ganho algum. Quando você compreende a ligação entre padrões e habilidade metafísica, a razão para a crescente pontuação do QI nesta área é óbvia. A raça humana está se tornando mais psíquica.

Ao entrarmos no novo milênio, mais e mais pessoas desenvolverão estas habilidades e, a não ser que lhes seja ensinado como lidar e estabilizá-las, elas vivenciarão todos os problemas causados por habilidades psíquicas instáveis, que imitam doença mental e fadiga crônica. A não ser que aqueles que são afetados recebam treinamento apropriado, este problema só vai piorar. Que tenhamos chegado a este ponto era quase inevitável. O que fazemos com o problema presente vai determinar nosso futuro.

Acidente da história

Habilidades metafísicas e psíquicas não são novas. Desde que existem seres humanos, houve indivíduos sensíveis às emanações psíquicas ou energéticas de pessoas, animais e lugares. O que está criando a crise atual é uma combinação específica de cultura, história e densidade populacional. Nós já discutimos o efeito da densidade populacional em pessoas sensíveis e nossa cultura moderna apenas está contribuindo para a aflição delas.

Aqueles que tiveram a coragem e a visão de desenvolver suas habilidades metafísicas ainda precisam receber o respeito geral que merecem. O paradigma científico, ou ponto de vista vigente na sociedade, ainda não sustenta uma visão ampla o suficiente para acomodar o metafísico.

A ciência ainda tem que descobrir um modo de medir os efeitos metafísicos. Quando nossa tecnologia alcançar nossa consciência, os cientistas serão capazes de lidar com o metafísico do modo como gostariam. Até lá, a ciência continuará a rejeitar e negar as experiências daqueles com percepção metafísica. É questão de um paradigma colidindo com outro. Apesar de ambos serem igualmente válidos, eles são muito diferentes e nossa sociedade atual segue a liderança da ciência, do mesmo modo que anteriormente seguiu a condução do metafísico. Isto pode fazer com que pessoas, que passam por experiências não familiares ou incomuns, sintam-se alienadas ou rejeitadas. O estresse emocional causado por esta alienação pode criar conflito pessoal, confusão, rebaixamento da autoestima ou mesmo depressão.

E do mesmo modo como aqueles que vivem em países em desenvolvimento estão tendo que lidar com o estresse da mudança de um modo de vida para outro, assim também estão aqueles que escolheram trabalhar com suas habilidades metafísicas. Eles estão sofrendo do trauma de um acidente na história.

Houve tempos em que aqueles com habilidades metafísicas eram valorizados, respeitados e admirados por suas comunidades. Seus serviços especiais eram muito procurados. Era uma honra conhecê-los e uma honra maior ajudá-los. Toda uma rede e estrutura de suporte eram construídas em torno deles. Às vezes era um sistema de suporte tribal e outras vezes era um templo, mas o suporte estava lá.

Para aqueles que trabalhavam no metafísico, o lado físico da vida era provido por outros – patrocinadores e assistentes que cuidavam para que os operantes metafísicos comessem e estivessem apropriadamente vestidos e abrigados; que suas funções físicas fossem mantidas e que não fossem perturbados enquanto realizavam trabalho importante. Naqueles tempos, as pessoas metafísicas não precisavam se equilibrar no lado físico da vida, porque a comunidade o fazia por elas. Agora tudo isto mudou.

Tal suporte comunitário não existe mais. Muitos de nossos templos e igrejas até rejeitam o metafísico e o sistema tribal existe apenas em raros bolsões. Os operantes metafísicos de hoje precisam aprender a lidar com o lado físico da vida. Eles precisam aprender a lidar com o físico tão habilmente quanto lidam com o metafísico. Mas como eles vão fazer isto, quando não são encorajados por suas habilidades?

O treinamento antigo, que ainda é seguido em essência, se não na forma, não ensinava equilíbrio físico-metafísico. Não havia necessidade de ensinar aos operantes metafísicos como lidar com o físico, enquanto viviam no metafísico. Tal treinamento agora é necessário. Sem ele, aqueles que trabalham metafisicamente sofrerão de problemas de saúde, relacionamento e financeiros.

O corpo mostrará os primeiros sinais deste estresse. Um corpo é físico e necessita manutenção física. Se não há alguém outro para fazê-lo e o operador falha em manter seu corpo, o que acontece com ele? O corpo vivencia estresse, o que leva à doença, que por sua vez cria questões sérias e duradouras de saúde. Isto é mais provável de acontecer àqueles que fazem o melhor para seguir alguns dos ensinamentos históricos.

Os ensinamentos antigos são baseados na ideia de que o físico precisa ser superado, para experienciar o espiritual. Nada pode estar mais distante da verdade. No Ocidente, onde estes ensinamentos incluem frases tais como "mortificar a carne" e "a luxúria da carne", o caminho para a espiritualidade e a percepção psíquica é percebido como requerendo domínio sobre o corpo. No Oriente, as pessoas são ensinadas sobre a "mente macaco" e que o físico é apenas uma ilusão. Assim, a mente também deve ser dominada pelo espírito. Mas a verdade é: *tudo é espírito*. Tudo é Deus.

Tudo que você vê, tudo que você pode imaginar, vem do seu espírito. É Deus manifesto. Isto é o que significa a afirmação de que Deus é onipresente. Tudo é feito de substância-Deus. Seu espírito é feito de substância-Deus. Sua mente é feita de substância-Deus. E assim também é seu corpo.

Você é substância-Deus. Evoluir espiritualmente não é apenas uma questão de evoluir seu espírito. Sua mente e corpo também precisam evoluir. E você precisa evoluir cada parte em equilíbrio – a mente, o coração e o corpo de Deus – ou você vai experimentar dificuldades.

Compreensão

Se você quiser evitar os problemas do crescimento desequilibrado, precisa compreender como funciona sua própria habilidade metafísica e porque você pode estar tendo os problemas que você tem. Lembra das perguntas na página 12? Aqui você vai compreendê-las um pouco melhor.

Se você lida com sua energia de um modo desequilibrado, você deve ter respondido "sim" às três primeiras perguntas (Você acorda cansado – talvez até mais cansado do que quando foi dormir? Você sente uma falta de energia? Você sofre de dores físicas e dores que não têm uma causa física aparente?). Você é energia. Mais importante ainda, você é um *padrão* de energia. Os fótons individuais de que você é feito mudam de momento a momento. Quando seus fluxos de energia estão equilibrados, seu padrão está claro e inteiro e você permanece equilibrado. Quando seus fluxos de energia estão desequilibrados, seu padrão fica distorcido e você experiencia estresse e doença.

Pense num remoinho de água. Um remoinho é um vórtice físico de água espiralando. Quando o jato de água de um lado é equilibrado pelo jato do outro lado, o remoinho não fica oscilando. As moléculas de água que compõem o vórtice mudam de momento a momento, mas o padrão de existência do remoinho permanece imutável.

Mas o que acontece, se os jatos de água se desequilibram? O remoinho começa a perder seu centro, se movimenta e perde a forma, espirra de um lado para outro e pode mesmo colapsar e desaparecer completamente. Isto é o que está acontecendo com sua energia, se você respondeu "sim" às três primeiras perguntas. Sua energia necessita fluir de um modo mais equilibrado se você quer reduzir o estresse e o trauma que está experienciando atualmente.

Se você está assimilando os pensamentos e as emoções de outros, terá respondido "sim" às próximas cinco perguntas (Você acha difícil manter uma sequência clara de pensamento? Você está cronicamente deprimido ou irado? Você é afetado sem razão pelas emoções dos outros? Você acha difícil lidar com multidões? Você sente o desejo de evitar pessoas ou a necessidade de escapar para o campo, a fim de se sentir são?). Quando sua mente e coração estão abertos para as mentes e corações de outros, você precisa ser capaz de distinguir entre seus próprios pensamentos e sentimentos e os de outros. Sem esta habilidade para discriminar, torna-se extremamente difícil conhecer como *você* sente e como *você* pensa.

Em sua percepção dos outros, você pode perder a conexão com você mesmo. Você fica desorientado, emotivo e desesperado, na confusão resultante. Você perde seu centro e sua força junto com ela.

Pense num pião. Para que um pião rode, precisa estar balanceado, de modo que seu centro de gravidade esteja exatamente no meio. Se estiver fora de centro, o pião gira fora de controle, primeiro para uma direção e depois para outra. Ele é jogado de um lado para outro, sem qualquer ponto de referência. Se você perdeu seu centro, isto é o que provavelmente vai acontecer com você. Para recuperar seu centro, força e estabilidade, você precisa se reconectar com você mesmo.

O melhor meio de começar o processo de reconexão é aprender como liberar os pensamentos e sentimentos dos outros, de modo que sua própria energia não se confunda com a deles.

Finalmente, se sua habilidade metafísica o capacita a se conectar com o infinito, mas você não é capaz de equilibrar o infinito no contexto físico de sua vida, você deve ter respondido "sim" às duas últimas perguntas (Você se sente fraco e fragmentado, como se não houvesse força interna? Você às vezes acha difícil sentir seu corpo, como se você estivesse "flutuando"?). É assim que você vai se sentir, se o seu crescimento espiritual ou energético ultrapassou sua evolução física. Você está lidando com mais energia do que seu corpo é capaz de lidar. Estes são os dois sintomas mais comuns de estar psiquicamente exaurido.

A exaustão psíquica é experienciada quando os circuitos energéticos do corpo estão sendo danificados pelas energias poderosas demais para eles. Isto é um pouco semelhante a alguém querer passar toda a água de um hidrante através de um esguicho de jardim, fazendo-o rachar e romper sob o esforço. Diferentemente de uma mangueira para apagar incêndios, que é feita de material muito diferente, uma mangueira de jardim não é feita para lidar com este tipo de pressão.

Para que você possa curar o dano já feito e trabalhar com energia sem causar mais dano, você precisa aumentar o condicionamento energético do seu corpo. O melhor meio de começar a construir condicionamento energético é aprender a ouvir seu corpo. Assim como você sabe o que é melhor para seu crescimento, assim também sabe o seu corpo.

Se você está trabalhando metafisicamente e não respondeu "sim" a nenhuma das questões, muito bem! É provável que você dominou o funcionamento básico do metafísico e aprendeu como trabalhar com ele de um modo que é nutridor e saudável para você. Se este é o caso, então você está pronto para ir ao próximo estágio de desenvolvimento em sua habilidade psíquica. Este próximo estágio – aprender como usar os padrões fundamentais da realidade para "mapear" o metafísico – capacitará você a desenvolver maior clareza, consistência e confiabilidade. Uma vez que você completou seu mapa, trabalhar com o metafísico é tão sistemático quanto trabalhar com o físico.

Não importa em que nível você trabalhe no metafísico, você está sendo apoiado. Você pode não estar consciente da existência deste apoio, mas ele está aí. Tudo que você faz é feito dentro de um gigantesco suporte de amor. Aprender como amar e permitir que o amor o sustente energeticamente sempre aumentará sua força e habilidade.

Quando tiver dominado todas as cinco áreas chave, com um pouco de orientação e um monte de prática, você será capaz de aumentar sua amplitude e força psíquica.

As chaves

Há cinco chaves para a habilidade psíquica forte e confiável. Elas são o fluxo bioelétrico, os campos biomagnéticos, a realidade holográfica, os padrões fractais e o amor.

1. Fluxo bioelétrico

O fluxo bioelétrico é sua energia. Ela está relacionada fisicamente com o fluxo dos impulsos nervosos em seu corpo. Seu sistema nervoso funciona à base de bioeletricidade. É importante para sua saúde física e energética, que seus fluxos estejam equilibrados.

Seus impulsos nervosos são equilibrados. Você tem impulsos nervosos fluindo ao longo de seus nervos para seu cérebro, equilibrados por aqueles fluindo de seu cérebro e ao longo de seus nervos. Cada fluxo de energia é um fluxo emparelhado. Isto é parte da expressão da Lei da Dualidade. Especificamente, você precisa equilibrar a energia que flui do físico através de você para o metafísico, com a energia que flui do metafísico através de você para o físico.

2. Campos biomagnéticos

Campos biomagnéticos são criados pelo seu fluxo bioelétrico. Em torno de cada corrente elétrica, há um campo magnético. Em torno do seu fluxo bioelétrico, há um campo biomagnético, comumente chamado de aura.

Há dois aspectos de sua aura a serem considerados, assim como há dois aspectos da energia que sai de uma lâmpada. A lâmpada brilha e fornece luz por causa da eletricidade que passa através dela. Esta eletricidade também cria um campo magnético. A lâmpada pode emitir uma luz colorida, se o vidro da lâmpada for colorido, ou pintado, ou se ela for coberta com uma capa colorida. A cor, embora bonita, não tem nada a ver com a força da energia passando através dela. A força da eletricidade é refletida mais diretamente na força do campo magnético.

A cor de sua aura não é indicativa da força de sua energia. A cor de sua aura muda a cada momento com suas emoções, pensamentos, sentimentos e atividade. A força e profundidade de seu campo biomagnético, contudo, tem um relacionamento direto com sua saúde e força física e energética. Quanto mais forte for seu campo biomagnético, maior será seu condicionamento energético. Para desenvolver condicionamento energético, você precisa exercitar-se regularmente, assim como você precisa fazer para desenvolver condicionamento físico. Só que, evidentemente, você precisa fazer exercícios energéticos.

3. Realidade holográfica

A realidade holográfica subjaz à natureza do nosso Universo, da Criação. Esta visão está se tornando cada vez mais aceita, tanto nas comunidades científicas quanto espirituais. A estrutura e a função holográfica determinam as leis físicas e metafísicas do nosso Universo. Ter conhecimento destas leis e a habilidade para trabalhar com elas é muito poderoso.

A Lei da Dualidade é talvez a melhor conhecida destas leis. Ela simplesmente afirma que tudo tem um oposto e que, juntos, os dois opostos perfazem um todo maior. O espírito tem seu oposto no corpo. Juntos, seu espírito e corpo dão a você maior consciência e percepção. É importante que os opostos sejam mantidos em equilíbrio.

Se você permite ao seu corpo dominar sua força de vida, você criará uma vida bastante confortável para você, mas com o tempo esta vida se tornará vazia e sem significado. Você sentirá falta de realização. E se você permite ao seu espírito dominar sua força de vida, você alcançará paz e realização em sua vida, mas ela será acompanhada de dificuldades físicas e financeiras e, talvez, doença. É importante que você mantenha o equilíbrio entre seu corpo e seu espírito, se você quer uma vida de realização e sucesso.

4. Padrões fractais

Os padrões fractais são a estrutura da criação. Cada holograma tem uma estrutura fractal. É por isto que, quando você rasga um holograma, cada pedaço contém uma imagem completa do todo.

O fractal é um tipo especial de padrão – um que se repete incessantemente, para construir um padrão mais complexo. Todas as formas naturais são fractais. Pense em como uma árvore tem o mesmo padrão de ramificação, não importando de onde você olhe para ela. Os galhos saem do tronco, os galhos menores saem dos maiores, os menores se transformam em ramos, os ramos se bifurcam em folhas e, nas folhas, as veias se ramificam ainda mais. Isto é um padrão fractal.

Seus pulmões e sistema nervoso são fractais óbvios e há evidência crescente de que seu cérebro e DNA (genes) armazenam informação de modo semelhante ao fractal. A estrutura da sua energia é um padrão fractal único. Tudo tem um padrão fractal contido em sua energia. O conhecimento e a percepção destes padrões darão a você um mapa e um sistema metafísico, que você pode usar para alcançar maior clareza, confiabilidade e consistência no seu trabalho psíquico.

5. Amor

Amor é o fundamento da vida. O amor nos dá suporte e nos conecta. Ele liga todas as partes do Universo. Enquanto a vida, como a conhecemos, está estruturada de acordo com padrões fractais, ela é construída da substância do amor. Conectando-se mais profundamente com o amor, você abre a porta de sua vida para o suporte. Você é capaz de sentir as conexões localizadas entre todas as coisas. E desta percepção, você é capaz de alcançar uma maior expressão do verdadeiro eu em sua vida, estendendo sua amplitude metafísica ou psíquica.

É importante dominar cada uma destas cinco chaves, se você quiser dominar sua percepção psíquica ou habilidade metafísica. Elas formam o fundamento de uma vida metafísica forte, saudável e equilibrada. Você começará a compreender mais a respeito delas, à medida que examinamos cada uma em profundidade.

II

COMPREENDENDO AS CINCO CHAVES

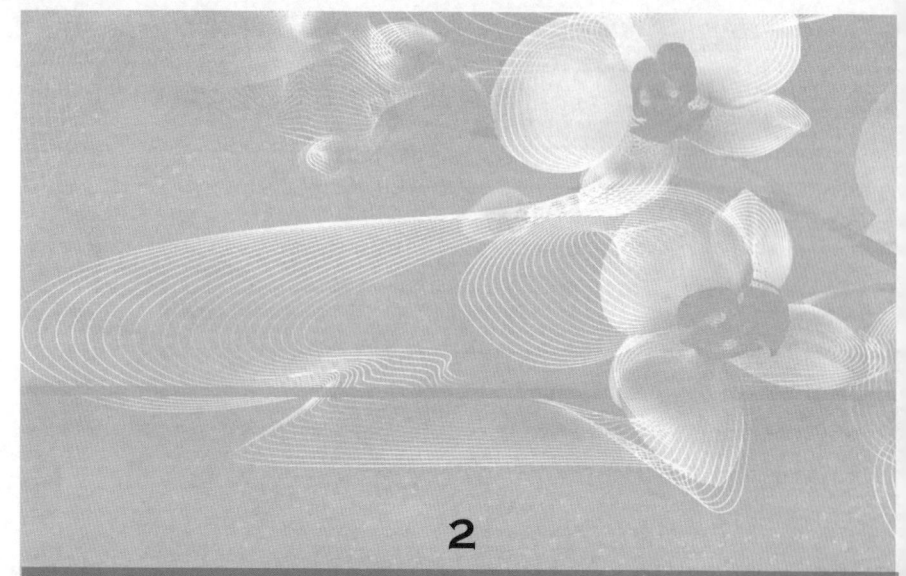

2
A PRIMEIRA CHAVE: FLUXO BIOELÉTRICO

Energia é como água. Ela flui de um lugar mais elevado para um lugar mais baixo. É mais construtiva, quando flui suave e facilmente. Não é saudável, quando se torna estagnada. Turbulência ou obstrução de seu fluxo pode causar dano ao entorno. Uma grande porção dela em um lugar tem um impacto definido, em geral um efeito calmante e de enlevamento.

A energia, se descontrolada, sempre fluirá de alguém que tem uma grande porção dela para alguém que tem muito pouco. É por isto que você pode sentir que algumas pessoas têm o efeito de drenar e outras de enlevar. As pessoas que drenam têm menos energia do que você e aquelas que enlevam têm mais do que você. A energia entre você e a outra pessoa está simplesmente se equilibrando. Se você se sente drenado por alguém, você precisa aprender como controlar sua energia. É sua responsabilidade manter sua energia. Permitir que ela escoe para áreas em que poderá não ser bem usada não é boa manutenção.

Sempre que você flui energia de um ponto a outro, a energia vai fluir suave e facilmente, ou vai dar a sensação de estar um pouco "gosmenta" e resistente. Se há resistência, PARE! Tentar forçar a energia através de uma obstrução vai danificar algo ou alguém. Encontre a causa da resistência e a remova, antes de continuar. Isto não vai apenas tornar seu uso da energia mais eficiente, mas você provavelmente aprenderá algo no processo.

Se suas energias estão desequilibradas, você criará fluxos energéticos turbulentos. É necessário que a energia que flui através do seu corpo em uma direção seja equilibrada pela energia fluindo na direção oposta, assim como duas pessoas sentadas de costas mantêm sua postura, empurrando com igual força. Uma força atua continuamente contra a outra, firmando e estabilizando-a. Fluxos energéticos equilibrados possibilitam ao corpo lidar com os níveis mais elevados de energia, sem dano, de modo que até a energia mais poderosa é sentida como leve e gentil.

À medida que sua energia cresce, as pessoas passarão a reagir mais fortemente à sua presença. Você pode começar a perceber as pessoas reagindo a você, mesmo que você nada tenha dito ou feito. Sua energia é que está causando o impacto. E quanto mais forte for sua energia, maior será o impacto. Quanto maior a ação, maior a reação, que pode ser tanto negativa quanto positiva.

As reações de outros são algo que você não controla. As pessoas reagem do modo como fazem, por causa das suas experiências de vida até este momento e devido à sua percepção neste momento. O modo como elas reagem informa você sobre o passado e o presente delas. A intensidade de sua reação indica quão forte estão sentindo a sua energia, nesse momento.

À medida que sua energia continua a ganhar força, você será capaz de usá-la para criar mais daquilo que você deseja na vida. Você será capaz de criar maior vitalidade e uma conexão mais profunda.

Vitalidade

Vitalidade – *vital, vivus, vivat, viva*. Estas são as palavras da vida. Seu fluxo bioelétrico – a sua energia e o que você faz com ela – determina sua vitalidade. Para aumentar sua força de vida, você precisa primeiro equilibrar seus fluxos de energia e depois fortalecê-los, mantendo um constante equilíbrio ao fazer isto.

Seu fluxo bioelétrico principal é aquele que flui para cima e para baixo na via principal de seu sistema nervoso, a medula espinal. Esta via de energia fluindo para cima e para baixo no meio de seu corpo é chamada de *Canal da Kundalini*. A energia flui em ambas as direções ao longo deste canal, de acordo com a Lei da Dualidade.

Energia fluindo do espiritual entra neste canal no topo de sua cabeça e flui para baixo até alcançar seu cóccix. No cóccix, uma parte da energia flui para a terra. O resto flui descendo por cada perna e penetra na terra através de seus pés. Quando a energia espiritual penetra na terra, ela entra no físico.

A energia também flui na direção oposta, do físico para o espiritual. Ela percorre exatamente a mesma via, mas flui na outra direção. Da terra física, a energia flui para dentro de seus pés e sobe pelas pernas até entrar no seu *Canal da Kundalini*, no cóccix. A energia também entra aqui, ao fluir diretamente da terra para cima. Uma vez no canal, a energia flui para cima pela sua medula espinal até sua cabeça. Daí ela continua diretamente para fora do topo de sua cabeça e de volta para os níveis espirituais.

Se qualquer um dos seus fluxos energéticos estiver bloqueado em qualquer ponto, você vivenciará problemas. Inicialmente estes problemas serão puramente metafísicos ou energéticos. Com o tempo, contudo, eles começarão a afetar seu corpo, causando fragilidade, dor e doença. Com o tempo, problemas físicos também podem causar problemas metafísicos e bloquear o fluxo de sua energia. Cada parte sua afeta cada outra parte sua. Você precisa manter seu *Canal da Kundalini* claro e limpo, aberto e equilibrado, se você quer ter energia forte e vital.

O problema mais comum com a primeira chave é o desequilíbrio no fluxo bioelétrico. Isto se manifesta como um problema relacionado ao sistema nervoso.

Entre aqueles que realizam muito trabalho espiritual ou energético, o desequilíbrio mais comum envolve ter muito mais energia descendo do Divino (ou Deus, ou Universo), do que subindo da terra. Se você tem este desequilíbrio, você pode ter dificuldade em estar focado e presente. Você pode ter dificuldade em permanecer enraizado e, com o tempo, pode começar a sentir os sintomas de fadiga crônica ou talvez uma doença do seu sistema nervoso.

Esta condição pode causar muitos sintomas, incluindo alguns similares aos da esclerose múltipla, fibromialgia e encefalite.

Com tal fluxo, seu ponto central, ou equilíbrio, se desloca cada vez mais em direção aos reinos espirituais ou metafísicos, deixando seu corpo com cada vez menos energia com que sustentar você no físico. Se você está tendo este problema, você precisa equilibrar sua energia.

O problema oposto – energia terrena demais – é menos comum. Ele pode levar a ganho de peso, retenção de água e depressão. À medida que seu centro se desloca mais em direção ao físico, você se torna mais cimentado no físico, perdendo contato com sua própria inspiração no processo. Se você tem este problema, você também precisa equilibrar sua energia.

Ao equilibrar sua energia, você tem três opções. Qual delas você escolheria?

1. Diminuir o fluxo maior para emparelhar com o menor.

2. Aumentar o fluxo menor para emparelhar com o maior.

3. Diminuir o fluxo maior enquanto aumenta o fluxo menor, até que eles se encontrem em algum lugar no meio.

Toda vez que você diminui um dos seus fluxos energéticos, sua energia será suprimida. Por esta razão, a opção dois é geralmente a melhor. Aumentando o fluxo menor, você aumentará sua vitalidade e energia geral, à medida que você alcança o equilíbrio. (Instruções para aumentar seu fluxo energético podem ser encontradas na página 73).

Uma vez que você equilibrou sua energia interna, você está pronto para equilibrar a energia que flui entre você e seu mundo. Isto é uma parte necessária da manutenção regular da energia, se você está realizando trabalho metafísico, espiritual ou psíquico.

Conexão

Uma vez que você equilibrou e fortaleceu a energia internamente, você pode começar a equilibrar e fortalecê-la no seu ambiente. Isto aprofundará e curará sua conexão com a vida, seu ambiente e as pessoas próximas a você.

O fluxo de energia de mão dupla em seu corpo é o fluxo do espiritual para o físico e o fluxo do físico para o espiritual. Entre você e outras coisas ou pessoas em sua vida, também há um fluxo de mão dupla. Isto é outra expressão da Lei da Dualidade.

Tudo tem seu oposto. Do mesmo modo que você flui energia para fora, assim também as coisas de fora fluem energia para você. A energia flui de você para a cadeira e da cadeira para você. Energia flui de você para as paredes e das paredes para você. Energia flui do vaso de planta ou árvore para você e de você para o vaso de planta ou árvore. Energia flui de você para outra pessoa e desta pessoa para você. E energia também flui de você para seus objetivos ou desejos e de seus objetivos ou desejos para você. Quando estes fluxos estão equilibrados, seus relacionamentos serão saudáveis. Quando qualquer um deles estiver desequilibrado, sua conexão com este outro estará desequilibrada e seu relacionamento refletirá o desequilíbrio.

Para aumentar a saúde e a vitalidade de seus relacionamentos, você precisa equilibrar o fluxo entre você e o outro. A maior parte da energia flui para e de nós em pontos específicos ao longo do *Canal da Kundalini*. Estes pontos de conexão de energia são chamados chacras. Há sete deles.

1. O chacra de base está logo na frente do seu cóccix, na base da espinha. Esta caixa de conexão aponta para baixo em direção à terra, por estar relacionada com a energia da vida física. Este é o ponto através do qual seus fluxos bioenergéticos são intercambiados com a energia da terra.

2. O chacra sexual está logo acima do seu osso púbico. Ele está relacionado com a energia da criação. Isto pode significar a criação física de outra vida ou qualquer ato de gênio criativo.

3. O chacra do plexo solar está no "^" da base da sua caixa torácica. Está relacionado com a energia da vontade, impulso, intenção e motivação. Este é o chacra do "instinto visceral".

4. O chacra cardíaco está sobre seu coração. É o chacra equilibrador. Ele está no meio de todos os seus chacras e está relacionado com esta grande força equilibradora em sua vida – o amor. Também lida com outros sentimentos, particularmente aqueles que levam aos chacras superiores. Este é o chacra da empatia.

5. O chacra da garganta está sobre sua laringe ou caixa de voz. Está relacionado com comunicação, especialmente com a expressão de sua verdade pessoal. Este é o chacra da telepatia.

6. O chacra do terceiro olho está localizado no meio de sua fronte, entre suas sobrancelhas. Está relacionado com uma visão mais ampla da vida – sua própria e a de outros. Este é o chacra da percepção psíquica e da visão longínqua.

7. O chacra coronário está localizado no meio do topo de sua cabeça. Ele aponta para o espaço, pois está relacionado com a energia da vida espiritual. Este é o ponto através do qual seus fluxos bioelétricos são intercambiados com a energia do espiritual.

Cada chacra obedece à Lei da Dualidade. Cada um está emparelhado, de modo que pode facilmente manter um fluxo de energia de duas vias. Seus chacras de base e coronário estão emparelhados para permitir a troca de energia entre os mundos espiritual e físico. Todos os demais chacras (2-6) têm uma face frontal e uma face dorsal. A face frontal aponta para frente de seu *Canal da Kundalini*, ou medula espinal, e a face dorsal aponta para trás. Deste modo, você pode trocar energia com aqueles que estão ao seu redor, de um modo igual e equilibrado.

Energia é trocada com outras pessoas, tanto dos chacras frontais quanto dorsais. Os chacras frontais têm mais a ver com seus sentimentos, enquanto os de trás têm mais a ver com a sua vontade. Qual chacra você usa depende da natureza de seu relacionamento e das energias que você está expressando nele.

Mantendo um fluxo claro e equilibrado através de cada chacra, você mantém a saúde de seus chacras, do mesmo modo que um fluxo claro e equilibrado entre os lados espiritual e físico de sua vida mantém seu *Canal da Kundalini* claro e saudável. Se você quer aumentar sua habilidade metafísica, é especialmente importante manter aqueles chacras que estão conectados com sua habilidade escolhida.

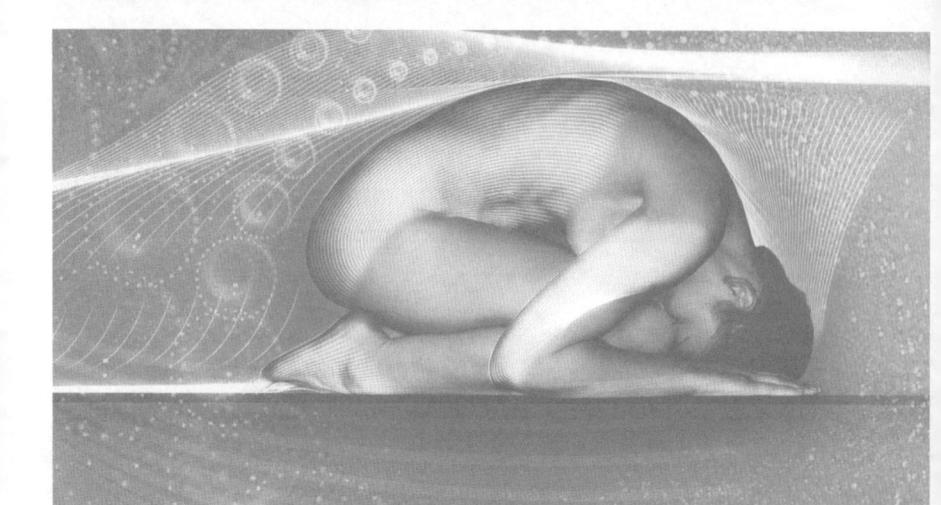

3
A SEGUNDA CHAVE: CAMPOS BIOMAGNÉTICOS

Seu campo biomagnético, ou espaço energético, é a segunda chave para desenvolver percepção psíquica e habilidade metafísica. Seu espaço será forte ou fraco, dependendo de sua pureza.

Pureza espiritual não significa a obtenção de algum ideal espiritual ou conjunto de critérios, apesar de que tal obtenção pode ajudar você a alcançar pureza espiritual. Nem se alcança pureza abstendo-se de uma coisa ou outra, apesar da necessidade de autodisciplina equilibrada.

Pureza não é fazer sempre uma coisa ou outra, apesar de que um foco claro e determinado mostrará a você o caminho. E pureza não é se negar prazer, apesar de ser necessária a disposição para pagar o preço pelo que você quer na vida.

Finalmente, pureza não é encontrada em apenas uma forma, apesar de você precisar se comprometer para obtê-la.

Há apenas uma coisa pura que você pode ser – e isto é um puro você.

Quando algo é puro, tem uma força e um efeito que não poderia ter de outro modo. Pense em um laser. Um laser é uma forma muito pura de luz – tão pura que consiste de apenas uma frequência. Esta pureza lhe dá poder extraordinário. Um laser pode viajar por milhas, em uma linha reta. Pode vaporizar tecido e cortar através de metal. Luz comum, tal como a luz de uma tocha, não pode fazer estas coisas. Luz comum não é pura; ela é muitas coisas.

Quando algo é puro, tem um efeito forte, mas a natureza deste efeito depende da natureza da substância individual. Ouro e arsênico podem ambos ser puros, mas eles têm efeitos muito diferentes. Ouro é claramente benigno, enquanto arsênico é extremamente venenoso para o tecido vivo. Suas naturezas individuais os fazem ser assim.

Quando você é "um puro você", não espere ter o mesmo efeito em outros que alguém outro possa ter. Sua natureza individual é diferente. Como você afeta as pessoas é resultado de sua natureza individual. A coisa importante é tornar-se você. Apenas você. O verdadeiro você.

Toda vez que você assume os objetivos, atitudes, pensamentos, sonhos, sentimentos ou expressões de outra pessoa, você arrisca diluir sua pureza. Você não será mais cem por cento você. Você pode se tornar 78 por cento você, ou 45 por cento. Algumas pessoas perderam quase inteiramente o contato com seu verdadeiro eu. Elas também se sobrecarregaram com as expectativas e os pensamentos de outros, de modo que apenas um pouco delas permanece, talvez apenas três por cento. Tais pessoas "levam vidas de desespero silencioso" e seu campo biomagnético é extremamente fraco.

A força de seu campo biomagnético ou espaço energético é um reflexo direto de quanto você é "você". Quanto mais você assume os pensamentos, sentimentos e expectativas de outros, mais fraco seu espaço se tornará. Quanto mais você libera os pensamentos, sentimentos e expectativas dos outros, mais forte seu espaço se tornará.

Se você tem aderido a crenças a seu respeito que não são verdadeiras, você terá desenvolvido o que é chamado de falso ego. Isto é uma imagem de você, que é uma mentira. Todos nós temos um falso ego. Apenas quando obtemos perfeição como uma alma, não mais temos uma falsa imagem de nós mesmos. Tê-la não é o problema. Quando ela domina e controla sua vida, seu destino e suas escolhas, então ela é um problema.

Ao ouvir seu eu interior, a voz de seu verdadeiro eu, você pode se reconectar com quem você é verdadeiramente.

Você precisa trabalhar em seu relacionamento com seu verdadeiro eu, como você trabalharia com qualquer relacionamento. Você precisa passar tempo de qualidade com você mesmo, para conhecer como você pensa e sente, aprendendo o que você espera de você mesmo e o que é necessário para você conhecer a alegria.

Reconecte-se com você e aprenda a expressar seu verdadeiro eu na sua vida, e seu espaço se tornará mais puro, mais forte e ressoará com uma vibração clara e ressonante. Sua pureza terá um impacto forte e profundo nos outros.

Estabilidade

Seu campo biomagnético, ou espaço, é seu fundamento energético. Como com qualquer fundamento, é vital que seja estável. Se não for estável, você terá que se aplicar constantemente para manter seu equilíbrio e qualquer trabalho energético que você fizer necessitará de esforço adicional. Com uma base estável, seu trabalho energético se tornará eficiente, sem necessidade de esforço. Operar a partir de um fundamento forte e estável aumenta seus resultados.

Sua estabilidade é o resultado de quão bem você mantém a pureza de seu espaço. Você mantém a pureza de seu espaço através de retroalimentação. Todo seu corpo trabalha com sistemas de retroalimentação. Seu corpo conhece as condições ideais para cada função. Se uma função corporal começa a se desviar destas condições, os mecanismos de retroalimentação trabalham para corrigi-los e restaurar o ideal. Quanto mais rápido o corpo fizer isto, maior será sua saúde e vitalidade. Manter seu espaço é muito similar.

Conhecendo-se, você percebe as "condições" ideais para manter a pureza de seu espaço. E quando você compreende como liberar os pensamentos e emoções de outros de seu espaço, você sabe o que fazer, sempre que a pureza de seu espaço é perdida. Quanto mais rápido você puder fazer isto, mais forte e estável será seu espaço.

Remover os pensamentos e emoções de outros é uma questão de liberá-los, de modo que retornem para onde pertencem. Não há nada de mau ou errado a respeito dos pensamentos ou emoções de outros, independentemente do que possam ser. Quando estes pensamentos e emoções foram primeiramente formados, eles eram apropriados para a outra pessoa naquele tempo e naquele lugar. A razão de estarem causando um problema para você agora é que você não é aquela pessoa e você não está naquele tempo ou lugar. Eles não são apropriados para você. Você precisa colocá-los de volta onde pertencem.

Pense no seu quarto. Quando ele fica bagunçado, isto não quer dizer que há algo de mau ou errado com as roupas que estão jogadas pelo chão, ou com os livros, jogos ou brinquedos que estão empilhados aqui e acolá. Tudo no quarto tem um efeito positivo, se estiver em seu lugar correto e apropriado. E quando cada item é recolocado em seu lugar correto e apropriado, seu quarto novamente se tornará um lugar agradável para estar. O espaço que você carrega com você sempre – seu espaço energético – não é um espaço diferente daquele do seu quarto. Quando as coisas não estão no seu devido lugar, há bagunça; quando as coisas estão no lugar a que pertencem, há ordem e beleza.

Assim que o seu espaço estiver claro, você está pronto para dar o próximo passo. Você está pronto para construir no seu espaço, a fim de torná-lo mais forte.

Força

Você aumenta sua força energética, aumentando seu condicionamento energético. Seu condicionamento físico é uma medida de quão rapidamente você se recupera de estresse físico. Seu condicionamento energético é a medida de quão rapidamente você se recupera de estresse energético.

Quando você está fisicamente em forma, você pode correr um longo trecho e recuperar seu fôlego em alguns poucos momentos. Quando você está fisicamente em forma, você pode levantar um monte de pesos e seu batimento cardíaco se recuperará em menos de cinco minutos. Quando está fisicamente em forma, você fica revitalizado e energizado – e não cansado e desanimado – ao se exercitar. Condicionamento energético não é diferente.

Quando você está energeticamente fora de forma, realizar trabalho metafísico é cansativo, mesmo exaustivo. Se lhe falta condicionamento energético, você necessitará de um tempo para se recuperar, depois, de projetar sua energia a alguma distância, ou depois de lidar com uma grande quantidade de energia negativa. Isto tudo se altera, quando você está energeticamente em forma.

A boa forma energética traz com ela vitalidade energética. Você achará o trabalho com os clientes divertido. Você conhecerá a diversão de limpar grandes quantidades de energia negativa, pois ela não cansará você, ela o avivará. À medida que aumenta seu condicionamento, você encontrará maratonas energéticas maiores e mais inspiradoras para correr e você sentirá que elas apenas aumentam seu poder. Elas perderão sua habilidade para cansá-lo à medida que você aprimora sua habilidade de se mover acima delas e triunfar.

E como você entra energeticamente em forma? Como você ganha força energética? Do mesmo modo que você desenvolve boa forma e força física. Você se exercita.

Como funciona o exercício? Exercício é um estresse no corpo. Quando a quantidade de estresse é apropriada, o corpo começa a praticar recuperar-se do estresse e, assim, constrói boa forma. Estresse de menos deixa o corpo intocado e estresse demais pode danificar o corpo para além de sua capacidade de recuperação.

É por isto que uma quantidade moderada de exercício é melhor. Por exemplo, caminhar 30 minutos todo dia é uma quantidade moderada de atividade física. Nem demais nem de menos.

Você faz seu exercício físico com seu corpo físico. E você faz seu exercício energético com seus corpos de energia. O princípio é exatamente o mesmo: estresse seus corpos energéticos de modo moderado, fazendo-os trabalharem mais do que fariam naturalmente, depois dê um tempo para recuperação. Com a repetição, você constrói força e se torna capaz de fazer mais, com menos esforço.

Muita coisa pode ser feita com força energética. Você pode lidar com grandes quantidades de energia, o que significa que você terá os meios para curar mesmo as situações mais sérias. Você pode manter seu próprio espaço, mesmo quando você está estressado ou em uma situação muito longe do ideal. Isto significa que você será capaz de fazer o que for necessário, mesmo em situações emergenciais ou quando você não está em um espaço seguro. De fato, você será capaz de tornar seguro qualquer espaço, para você e para outros.

À medida que aumenta sua capacidade de curar, você receberá mais para curar. Você sempre recebe o tanto de responsabilidade com que você pode lidar. Quando você for capaz de fazer mais energeticamente, você receberá mais para fazer. Se você realiza trabalho espiritual ou metafísico para se sustentar, isto é claramente importante. E se não é isto que você faz, então, ser capaz de lidar com mais significará que você pode experienciar mais profundamente incidentes mais profundos e universalmente mais significativos. Você será capaz de sustentar sua energia em um estado forte e estável, enquanto ela cresce em pureza. E enquanto ela cresce em pureza – à medida que você se torna mais quem você é verdadeiramente – você finalmente se encontrará na presença de seu Eu Superior, ou eu aperfeiçoado, e se conhecerá pela primeira vez.

Presença

À medida que sua energia cresce e seu espaço se torna mais forte, ao mover-se em direção à presença de quem você é verdadeiramente, você terá um impacto metafísico cada vez maior sobre outros. Você se tornará uma força forte, uma presença forte. E uma força forte não pode deixar de ter um efeito nos outros.

À medida que você limpa seu espaço energético dos pensamentos e emoções de outros, e outros pensamentos e emoções que estiveram grudados em você do seu passado, você será capaz de focar sua energia mais e mais no momento. Você se tornará presente. Alguém que está fortemente presente tem uma presença forte. E tal pessoa sempre afetará outras pessoas.

Você já afeta outras pessoas. Todo dia, quer você se dê conta ou não, você está afetando pessoas. Todos nós afetamos uns aos outros. Pense em sua vida. Nenhuma única pessoa que você encontrou, mesmo por um breve instante, deixou de ter um impacto em você. Algumas pessoas tiveram um impacto negativo, enquanto outras tiveram um impacto positivo, e a força de seu impacto também variou, mas todas elas tiveram algum tipo de impacto na sua vida. Do mesmo modo, você afetou cada uma das pessoas com quem você se conectou em sua vida. Você ainda carrega a energia de cada pessoa com você hoje.

Como você gostaria de afetar outros? Se você pudesse ajudar outros a mudar de um modo específico, como você gostaria que fosse?

À medida que sua energia se torna mais forte e seu impacto se torna maior, é tempo de escolher precisamente qual impacto você gostaria de ter. Para fazer isto, você necessitará começar a se comportar mais conscientemente, com maior percepção do efeito que você está tendo. E comportamento não é apenas físico, mas também metafísico.

- Como você gostaria de afetar as pessoas?
- Você gostaria de impactá-las com amor?
- Ou apreciação?
- Você gostaria de deixá-las com uma experiência de graça?
- Ou beleza?
- Você gostaria de fazer as pessoas sentirem-se em paz?
- Ou fortalecê-las com verdade?
- Você gostaria de fazer as pessoas sentirem-se em paz?
- Ou inspiradas?

Qualquer que seja o efeito que você deseja ter sobre as pessoas, você necessitará sustentar a energia deste efeito. Preencha seu espaço com ela até transbordar e ela fluirá para os outros, afetando-os sempre que você entrar em contato com eles. Quer a conexão seja física, ou metafísica, você causará o impacto que desejar.

Quando você tem um forte impacto nas pessoas, esteja preparado para uma resposta forte. Para cada ação, há uma reação igual e oposta. Você já ouviu isto antes, não ouviu? É uma das Leis de Newton e ela é verdadeira para a natureza humana, tanto quanto o é para a natureza física. O tipo de reação que você obterá vai variar, mas sua intensidade sempre será diretamente proporcional à intensidade de sua própria energia.

Independentemente do tipo de energia que você traz para outros, algumas pessoas vão gostar e outras não. Não importa quão clara e positiva ela seja, ou quão escura e negativa, isto continua verdadeiro. Quanto mais forte a reação de outros, mais eles estão reconhecendo você como uma presença poderosa. O modo como reagem é mais um reflexo deles do que seu.

Você pode pensar que todo mundo responderia positivamente a uma energia amorosa, mas algumas pessoas a sentem como ameaça. Você pode sentir que todo mundo certamente responderia negativamente à energia escura e sinistra, mas algumas pessoas acham-na atrativa. Nossos gostos ou desgostos são criados por nosso passado e nossa percepção.

Você não controla se alguém outro vai ou não gostar de sua energia. Esta é escolha e responsabilidade deles. Fortalecendo sua energia, você assiste outros, mostrando-lhes as escolhas que estão fazendo. Foi dito, "Quando você risca uma linha na areia, você mostra a outras pessoas onde elas estão". É isto que você está fazendo com sua energia forte. Você está mostrando a outros o que eles estão escolhendo.

E o que você está escolhendo para si próprio? Qual energia você escolhe trazer para o mundo? É sua escolha – sua missão. O tempo para começar é agora.

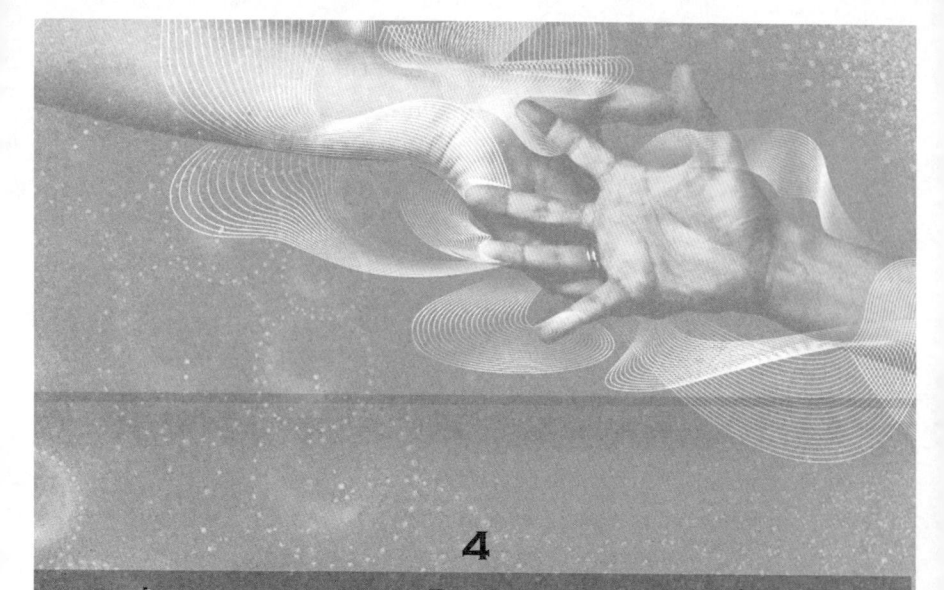

4
A TERCEIRA CHAVE: REALIDADE HOLOGRÁFICA

Apesar de sua aparente solidez, o Universo é um holograma. Um holograma é uma imagem tridimensional, com algumas propriedades muito interessantes. Pelo fato da estrutura da criação ser holográfica, as propriedades de um holograma determinam como a criação funciona.

Uma imagem holográfica é feita de um modo muito particular. Há cinco passos para se fazer um holograma.

O primeiro passo é conseguir um laser. Nós já falamos sobre um laser e de como ele é puro. Ele consiste de apenas uma frequência, uma cor de luz. A luz branca é composta de todos os tipos de frequência e, por isto, ela pode ser quebrada com um prisma em muitas cores diferentes. Se passar um laser por um prisma exatamente igual, você obterá apenas mais da mesma cor. É a pureza e a coerência do laser que lhe dá seu poder.

A coerência é para a luz o que a congruência é para uma pessoa. Quando alguém diz que você é congruente, isto quer dizer que tudo a seu respeito está dizendo a mesma coisa – sua linguagem corporal, seus pensamentos, suas palavras, seu tom de voz, sua apresentação pessoal e sua energia. Quando você é congruente, você se encontra em um estado muito poderoso e focado. Você está muito presente. Quando uma luz é congruente, diz-se que ela é coerente. Isto significa que todas as pequenas ondas que compõem a luz estão sincronizadas; elas estão todas subindo e descendo simultaneamente. Sem luz pura, coerente, você não pode fazer um holograma.

Um laser, sendo luz pura, coerente, é uno em si mesmo. É uma coisa e apenas uma. É completamente esta coisa e nada mais. Esta mesma unicidade está por trás de todos os hologramas, assim como a Unicidade está por trás do Universo.

O segundo passo para fazer um holograma é quebrar o laser em dois feixes de luz. Isto dá a você dois feixes separados de luz, que ainda são coerentes entre si. Eles podem parecer separados, mas, de fato, são uma única coisa. No nosso Universo, a Unidade que está por trás da criação se expressa como uma dualidade. É isto que nos dá a Lei da Dualidade.

A Lei da Dualidade diz que tudo tem um complemento. Tudo tem um oposto que, quando combinados, fazem um todo. Duro e mole, quente e frio, áspero e suave, para baixo e para cima, grande e pequeno, perto e longe – cada par cria para nós um mundo de experiência. Juntos são algo mais do que poderiam jamais ser sozinhos.

Você precisa dos dois feixes para fazer seu holograma. Os dois feixes idênticos de luz são o segredo para fazer uma imagem tridimensional aparecer em uma página bidimensional. Você utiliza dois feixes de luz para criar seu holograma, mas você os usa de forma diferente.

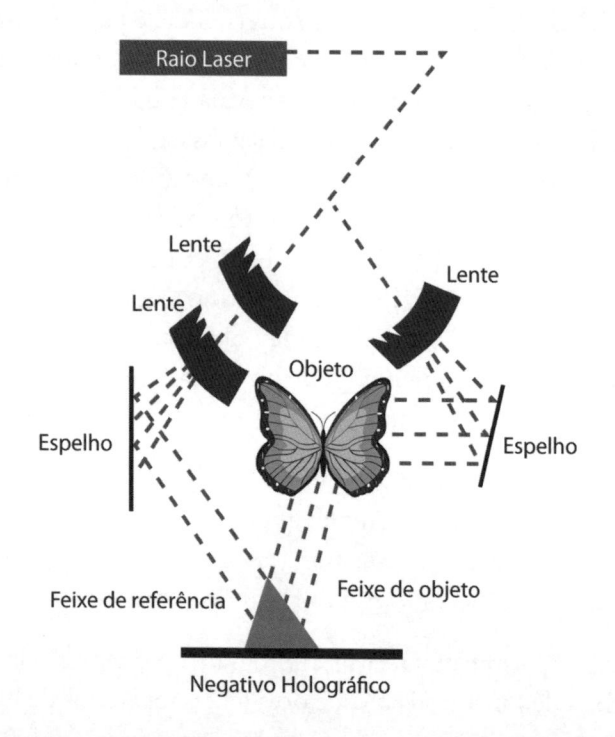

No passo três, você pega o primeiro feixe de luz e o dirige diretamente para o negativo holográfico. Este feixe é chamado de Feixe de Referência, porque cria o enquadre para a imagem que você está criando. Este feixe não se diferencia de modo nenhum da luz original. Nele você vai encontrar um reflexo direto da luz Única, da qual se originam os dois feixes. É sua conexão com a Unidade, o lado espiritual de sua vida, que cria o contexto para tudo o mais em sua vida. Você pode viver sem ela, mas sua vida ficará desprovida da inspiração e do significado que ela teria de outro modo.

O quarto passo envolve o outro feixe de luz. Neste passo, você "desvia" este feixe para o objeto do qual você quer fazer uma imagem, depois dirige esta luz desviada para o negativo holográfico. Este feixe é chamado de Feixe de Objeto. Não é exatamente igual à luz original. Ele foi distorcido e redirecionado pelo seu contato com o objeto. Esta distorção é muito importante. Sem ela, não haveria a imagem. Sem ela, haveria apenas uma expansão de cor sem forma ou estrutura. Ao mudar o segundo feixe de luz, a imagem 3D é criada. O que isto mostra a você a respeito de sua vida?

Sem alguma separação da Unidade, não haveria criação. É sua consciência, são seus pensamentos que modificam a Unidade e produzem as imagens e experiências de sua vida. Às vezes esta separação pode parecer muito sólida, muito real, mas ela é apenas uma ilusão. A Unidade ainda está aí. Está criando tudo em torno de você. Ela está através de você e em você. Está através e em cada coisa que você vê, sente, toca, degusta e ouve. Você não pode evitá-la. Você pode escolher focar na imagem que você produziu, em vez de focar na Unidade que possibilitou sua produção, mas isto não torna a Unidade menos real ou menos presente em sua vida. Aonde quer que você vá e o que quer que você faça, a Unidade está com você, sempre.

O quinto e último passo é pegar a imagem holográfica que você criou agora e passar a luz original através dela. Este é o mesmo processo que produz uma fotografia e um negativo fotográfico. Quando você faz isto, o escuro se transforma em luz e a luz se transforma em escuro, de modo que a imagem possa ser lida facilmente. Ao fazer isto, o positivo holográfico – a imagem tridimensional – é produzido. Sem esta interação constante da luz Única, não haveria imagem holográfica e nenhum positivo holográfico seria produzido a partir desta imagem.

Depois que você produziu seu holograma, pode ser muito fácil focar na imagem que você criou e esquecer a Luz Única que a criou (e continua a criá-la de momento a momento). Pode ser muito fácil comprar a ilusão da imagem e esquecer a luz que não apenas a criou originalmente, mas continua a mantê-la. Qualquer mudança na imagem baseia-se na luz Única, assim como qualquer ausência de mudança. Se você quiser mudar conscientemente as imagens de sua vida, de algum modo, você precisa se lembrar conscientemente e trabalhar com sua luz Única.

Você vive em um holograma, envolvido pela luz Única. Você pode escolher reconhecê-la, ou pode escolher ignorar ou negá-la. Nada disto afeta a luz Única. É onde você vive. Você pode escolher cooperar com ela, sendo assim fortalecido, ou você pode escolher não cooperar. Um peixe não deixa de sê-lo porque nega a existência da água.

Um aspecto final dos hologramas precisa ser mencionado. Eles têm uma propriedade curiosa, que é muito diferente daquela de uma imagem comum.

Se você pega uma imagem comum e a rasga, o que acontece? Você fica com um quebra-cabeça. Mas pegue um holograma e o rasgue, o que acontece? Nenhum quebra-cabeça. Você fica com um monte de cópias menores do original.

Em cada fragmento ou pequena lasca há uma recriação completa da imagem original, exatamente proporcional ao tamanho do pedaço. Em cada pequena parte da criação existe o todo, e em cada todo existe cada pequena parte da criação. E há muitas, muitas partes no todo.

O INFINITO

Um holograma tem uma grande capacidade. Você pode arquivar muitas imagens diferentes em um pedaço de filme holográfico. Cada imagem vai aparecer ou desaparecer, à medida que você muda o ângulo da luz. Você deve ter visto isto em um cartão holográfico, onde a imagem parece se mover ou mudar de uma coisa para outra, dependendo do ângulo a partir do qual você a vê. O holograma da criação tem uma capacidade imensa.

Há um número infinito de níveis, dimensões e realidades em um holograma da criação. Cada realidade, nível ou dimensão tem seu próprio tempo passado, presente e futuro. Cada qual aparece como uma criação distinta e total, para aqueles que vivem nela. Cada parte parece ser completa e total. De fato, cada parte parece ser a totalidade, a criação total e única, para aqueles que vivem nela.

A percepção metafísica rompe os limites da realidade. Quando as pessoas alcançam a percepção metafísica, elas não ficam mais confinadas em sua própria pequena parte do holograma. Sua consciência é tal, que elas são capazes de se conectar com outras partes do holograma. Uma pessoa com tal consciência é capaz de mover sua percepção para alcances infinitos.

Quando sua percepção é capaz de alcançar a imensa vastidão da realidade holográfica, você pode sentir seus sentidos serem atraídos para a visão, som, tato, cheiro e gosto de uma multidão de realidades não familiares. Os sentidos e as leis de sua própria realidade podem repentinamente se tornar menos importantes, talvez até insignificantes. Você pode até estar em perigo de perder contato com sua própria realidade. Você pode se perder em todas estas outras realidades, movido por forças não aparentes para aqueles que não estão igualmente sintonizados com o metafísico, com outras partes do holograma.

Você vai precisar de uma conexão forte e estável com a realidade física, se você quiser permanecer enraizado, quando você se abrir para alcances infinitos do holograma. É seu corpo que lhe dá tal conexão.

É sedutoramente fácil deslizar pelas muitas visões e sons esplêndidos de realidades exóticas e esquecer sua própria vida nesta realidade. Esta vida é seu fundamento. É o ponto central a partir do qual sua consciência opera. Crie uma base estável nesta realidade e você será forte em todas as realidades. Ter uma forte conexão com seu corpo dará a você uma base muito forte. Sem ela, você pode escorregar do físico, enfraquecendo sua energia e consciência.

Sem um fundamento, você não pode operar. Se você quer operar no metafísico, precisa aprender a equilibrar o físico em você. Não há mais uma comunidade para fazê-lo por você, como havia em tempos passados. Os aspectos físicos de sua vida são sua responsabilidade.

Lembra da Lei da Dualidade? O físico está entretecido com o metafísico. Está afirmado, "como acima, assim abaixo", que também quer dizer "como abaixo, assim acima". Se você quer ser forte no metafísico, você precisa ser forte no físico, com tudo que isto requer. Quanto mais você for capaz de manter uma energia física forte e centrada, mais longe você poderá ir pelo infinito. Quanto mais estável você estiver em sua energia física, mais seguro você estará no infinito metafísico. Você não pode olhar para dentro do infinito metafísico, você pode apenas estar dentro dele. Você o conhecerá, estando equilibrado dentro dele.

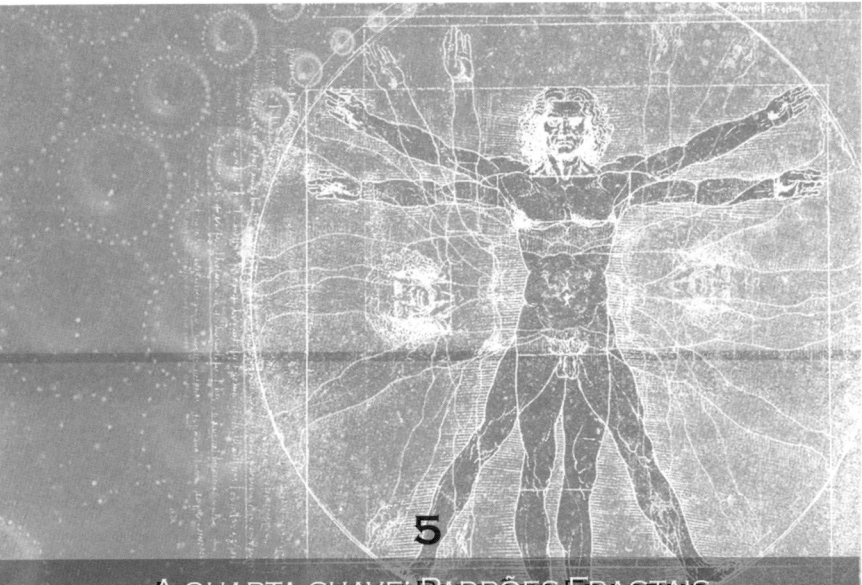

5
A QUARTA CHAVE: PADRÕES FRACTAIS

Você não pode olhar para dentro de um holograma. Quando você tenta quebrá-lo, que é o modo habitual de olhar para dentro de algo, tudo que você vê são imagens menores do original. Não há o "interior" de um holograma. A única coisa que está dentro de um holograma é mais holograma. Disto podemos deduzir que hologramas – e um filme holográfico – têm uma natureza fractal.

A geometria fractal é um dos instrumentos que os cientistas estão usando agora para incrementar sua compreensão do caos. Ao aprender a trabalhar com fractais tão natural e facilmente quanto você trabalha com objetos sólidos do espaço tridimensional, você aprenderá a trabalhar com o infinito, de uma maneira estável e precisa.

Compreender como funciona um holograma é a mesma coisa que compreender o fractal. O fractal é a essência do holograma; é sua estrutura e fundamento. As propriedades de um fractal são as propriedades de um holograma. É a sua estrutura fractal que dá ao holograma muito de sua magia.

Então, o que é esta coisa mágica? É um padrão, mas um tipo muito especial de padrão. É um padrão que se repete continuamente, para construir um padrão mais complexo. Para criar um fractal, cada segmento do original, ou padrão "semente", é substituído por uma cópia menor de si mesmo. Isto quer dizer que, não importa para qual tamanho ou nível do padrão você olha, você sempre verá o mesmo padrão.

Aqui está um exemplo para você. Este é um padrão fractal conhecido como o *floco de neve de Koch*. Para fazer um floco de neve destes, comece com um triângulo que tem todos os três lados do mesmo comprimento. A regra fractal aqui é pegar a terça parte média de cada lado e transformá-la em um novo triângulo, idêntico ao triângulo original, mas com um terço do tamanho. A primeira vez que você faz isto, você terminará com uma Estrela de David. Agora faça isto uma segunda vez, e depois faça novamente, e continue fazendo isto infinitamente. Você acabará com mais e mais pontos no seu floco de neve. A borda se tornará mais e mais detalhada. Acabará parecendo um tipo ideal de floco de neve.

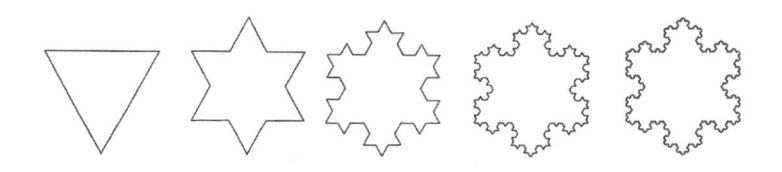

Este é um padrão fractal. Tem repetições sem fim, que lhe acrescentam detalhes infinitos. Cada vez que você aumenta uma parte dele, haverá sempre partes menores para ver. E não é exatamente isto que aconteceu na Física Quântica? Toda vez que os cientistas pensaram ter encontrado o bloco construtor último da criação, assim que eles se tornaram capazes de "olhar" mais de perto, eles se deram conta de que não era assim. Estruturas cada vez mais detalhadas foram descobertas. Primeiro era o átomo, depois o próton, nêutron e elétron, depois o méson e o quark, e depois até partículas menores.

O fractal também é chamado "autossimilar" e "autorreferente". Cada parte do floco de neve é feita de cópias menores de si mesma. Assim, se uma parte do padrão é danificada, tudo que você precisa fazer, para ver como deveria ser, é ver outra parte do padrão. Quantas vezes lhe disseram que a resposta "está no interior"?

Cada nível ou parte de seu próprio padrão é a estrutura energética de uma ordem ou parte diferente de você, tal como seu coração, ou fígado, ou seu coração e mente. Os diferentes tamanhos no interior de seu padrão fractal são a estrutura energética das diferentes magnitudes de que você é feito, tais como o corpo e a célula. Cada parte sua tem uma estrutura fractal e é parte de sua estrutura fractal.

Seu espírito, bem como seu corpo, tem uma estrutura fractal. Suas emoções, bem como sua mente, têm uma estrutura fractal. Sua consciência tem uma estrutura fractal e aonde quer que sua consciência vá, há uma estrutura fractal. Conhecer seu próprio padrão pode dar a você estabilidade na vastidão do infinito, um ponto central e um mapa que você pode usar em qualquer parte do holograma que é a criação.

É fácil pensar que existem coisas demais nas infinitas extensões da realidade holográfica, para a mente humana compreender. Você pode pensar a respeito de todas as funções e mecanismos que sustentam uma de suas células? E quanto a todas as células no seu corpo e como elas se coordenam para produzir sua vida física? Ou quanto a conter em sua percepção cada pequena centelha de luz, cada partícula de pó de estrela que compõe os sóis da nossa galáxia? E a nossa é apenas uma galáxia entre milhões.

Não é fácil? Mesmo assim, há um modo de fazê-lo.

Em seu livro *Caos*[1], James Gleick escreveu, "No olho da mente, um fractal é um modo de ver o infinito". Por meio da percepção de padrões fractais, e mais especificamente seu próprio, você será capaz de compreender a totalidade da criação.

Tudo tem um padrão fractal. Seja uma partícula subatômica, um átomo, uma molécula, um grão de areia, toda uma praia, a face de um penhasco, um continente, um planeta, um sistema solar ou uma galáxia, tudo tem um padrão fractal. Você pode examinar uma porção da criação tão pequena ou tão vasta quanto você desejar, quando você conhece seu padrão fractal. Não importa quão grande ou pequena sua visão e percepção precisam ser, você precisa apenas focar em uma coisa – um padrão repetitivo.

---

[1] Gleick, James, *Caos – A Criação da Nova Ciência*. Ed. Campus, 1989.

Você talvez esteja se conectando com uma galáxia ou um grão de areia, mas você está se conectando apenas a diferentes níveis do padrão único. Você pode estar consciente de um peixe, um cardume ou todo um oceano repleto de vida, contudo você está percebendo apenas pequenas ou grandes partes do padrão único. Você pode estar ouvindo a canção da criação e ouvir uma única nota, uma frase musical, um movimento ou uma canção totalmente orquestrada, mesmo assim, você apenas estará ouvindo os detalhes ou o panorama deste padrão único repetido.

Toda a vida é feita de fractais. Quando você pode percebê-los e trabalhar conscientemente com eles, você se dará conta de que eles são a maior de todas as chaves.

Com percepção fractal você pode focar em uma pessoa, lugar, coisa ou situação e perceber seu padrão, obtendo pleno conhecimento de onde estão tanto suas forças quanto suas fraquezas. As forças aparecerão como partes claras, brilhantes, do padrão. As fraquezas aparecerão como áreas de confusão, obscuras, distorcidas, no padrão. O padrão nestas áreas pode até estar perdido, mas você saberá o que é necessário fazer para restaurá-lo. O restante do padrão fractal dirá a você como. Ao examiná-lo, você traz o sujeito para o seu pleno potencial.

O padrão fractal é seu mapa, sua chave, seu ponto central, sua ferramenta referencial. Ele dará a você uma maior clareza, confiabilidade, consistência e abrangência em seu trabalho metafísico. Aprender a percepção fractal é apenas uma habilidade, mas ela ampliará imensamente todas as outras.

Clareza

Quanto mais detalhes você obtém, mais clareza você tem. O padrão fractal é um padrão de infinitos detalhes. Cada parte do padrão é feito de pequenas versões de si mesmo. Movendo-se através de sucessivos níveis do padrão, você obtém mais e mais detalhes e, assim, clareza cada vez maior. Ali há todo detalhe que você necessitar, e mais, contido na matriz do padrão fractal.

Qualquer pergunta que você tiver, há uma resposta em algum lugar do holograma. Tudo que você quiser criar ou saber já existe em algum lugar no holograma. Você pode usar o padrão fractal para encontrar a informação que você necessita para ser capaz de criá-lo, ou conhecê-lo, no aqui e agora.

O padrão fractal não apenas contém toda a informação que você precisa conhecer, ele também indica qual informação você precisa em cada e toda situação. Onde há um problema, estresse ou doença, o padrão fractal estará quebrado ou distorcido. Quanto mais severa a situação, maior a distorção ou a quebra do padrão fractal. Quanto mais forte e saudável você for, mais vital será sua energia, mais claro e forte será seu padrão fractal.

Seu padrão fractal é o padrão do seu verdadeiro eu. Sua integridade é uma indicação de sua conexão com seu eu verdadeiro. Quando seu padrão fractal está distorcido, seus fluxos de energia estarão igualmente distorcidos. Quanto mais claro e vital for seu padrão, mais facilmente será para você viver de sua verdade. Quando seu padrão está claro e não distorcido, sua percepção da verdade será clara.

Tentar perceber a verdade através de energia distorcida é como tentar dirigir com um pára-brisa coberto de lama. Quando seu para-brisa está chapinhado, é difícil ver para onde você está indo. Ou você diminui a sua velocidade, ou termina danificando a si mesmo e seu carro. Ao limpar a lama do seu para-brisa, sua percepção abre, sua clareza aumenta e você é capaz de ir mais rápido, permanecendo seguro. Tal segurança naturalmente leva a um aumento na consistência e na confiabilidade em seu trabalho energético.

Confiabilidade

Todos nós buscamos confiabilidade em todos que encontramos. Queremos saber em que pé estamos com as pessoas, sejam elas amigas, parentes, amores ou profissionais e colegas. Quando sabemos que alguém é confiável para agir de um determinado modo, nos sentimos seguros com ele.

Do mesmo modo, você vai querer ser capaz de confiar em suas próprias habilidades e destrezas. Que sentido faz ter destreza metafísica ou habilidade psíquica, se você não pode confiar nelas – se elas funcionam apenas ocasionalmente?

Quem você gostaria mais de assistir, um ator imprevisível que às vezes é brilhante para além da genialidade, mas outras vezes desesperadamente para além de embaraçoso, ou um ator não tão brilhante, em quem você pode confiar para uma apresentação crível, mas não inspiradora? É uma decisão difícil, não é? Você gostaria de ver o ator brilhante, mas não há garantia de que você assistirá a uma apresentação inspiradora. Pagar por uma apresentação, quando você não tem ideia do que você vai experienciar, pode ser irritante – é por isto que muitas pessoas escolhem um ator menor. Pelo menos sabem o que vão obter.

O desejo pelo tipo de segurança emocional assegurado pela confiabilidade é comum a todos nós. Tem muito a ver com sucesso. Veja o sucesso de tais cadeias como McDonalds. Para muitas pessoas, não importa qual é o produto, desde que saibam que sempre será o mesmo produto. Segurança emocional é importante para muita gente.

Não importa qual habilidade você usa quando trabalha com clientes ou seu empregador, estas pessoas querem saber se a habilidade é *confiável*. Você também quer estar seguro da confiabilidade de suas habilidades. A este respeito, habilidades metafísicas e habilidades físicas são iguais.

Como o ato de pintar, as habilidades metafísicas, telepatia e intuição tendem a ser não confiáveis, devido à sua natureza de cérebro esquerdo. E também como a pintura, elas podem se tornar mais confiáveis, se você souber o que praticar.

Ao suprir você com um mapa metafísico a seguir, o padrão fractal dá a você os meios para trabalhar sistematicamente com suas habilidades psíquicas. Você agora pode trabalhar logicamente com sua intuição e intuitivamente com sua lógica. Seu cérebro esquerdo pode agora seguir o que seu cérebro direito está fazendo, ao observar o fluxo do padrão fractal.

Ao usar o padrão fractal, você será capaz de verificar um resultado intuitivo contra outro, assim como um matemático pode usar uma equação para verificar os resultados de outra. Você será capaz de construir um resultado intuitivo sobre outro e chegar a uma conclusão firme, que pode ser repetida e verificada.

O padrão fractal provê o enquadre para trazer suas habilidades físicas, de cérebro esquerdo, e suas habilidades metafísicas, de cérebro direito, a uma totalidade. Você tem a oportunidade de desenvolver habilidades holográficas, de cérebro inteiro. Você pode agora construir suas habilidades de um modo equilibrado e alcançar resultados confiáveis e consistentes, lado a lado com um profundo alcance e profundidade de expressão.

Consistência

Uma das maiores dificuldades quando lidamos com o metafísico é a consistência. Uma criação holográfica infinita contém uma quantidade infinita de informação. Cada pessoa, lugar, coisa ou situação está conectada com cada outra pessoa, lugar, coisa ou situação. É isto que une a Criação. Nosso Universo existe através dos vínculos da nossa conexão com ele.

Assim, sempre que você está procurando uma resposta a uma questão, ou há um número infinito de respostas, ou apenas uma. Isto não é uma contradição. A resposta única é sempre a mesma resposta. Não importa qual seja a questão, ou como ela é formulada, há sempre apenas a resposta única. Você sabe qual pode ser esta resposta única?

Esta resposta única pode ser muito frustrante para alunos que sempre querem saber quais são as regras. Mas conhecer as regras não é a mesma coisa que compreender. E quando trabalhamos holograficamente, há apenas uma regra: sempre aja para curar o padrão fractal. Isto refaz a integridade da pessoa, lugar ou situação. Tal ação é inatamente curadora e construtiva. Esta regra única cria a resposta única. Você adivinhou qual ela pode ser?

A resposta é: "Depende".

O que devo fazer agora? Como eu resolvo esta situação? Qual é o meio mais fácil para eu ganhar um milhão de dólares? Quem vai ganhar o torneio? Vou encontrar o homem/mulher dos meus sonhos? Como ele ou ela será? Vou realizar meu destino? E assim por diante, e assim por diante.

Depende.

Depende das circunstâncias, de onde você está no holograma, de qual parte do seu padrão fractal você está operando no momento. Em cada situação, e com cada pessoa, a mesma ação produzirá um resultado diferente. Dito de outro modo, para manter e curar um padrão fractal, você precisa ser capaz de perceber a energia de momento a momento e qual efeito você está tendo no padrão fractal. Aquilo que cura em uma circunstância, pode causar dano em outra.

Iluminação é o ponto de realização, quando tempo e espaço não mais prendem nossa percepção. Neste momento, sua consciência, quer você se dê conta ou não, tornou-se holográfica.

Antes e depois da iluminação, nada muda – mas tudo muda. O conteúdo de sua vida pode não mudar em nada, mas mudou completamente, porque o contexto da sua vida mudou. Cada ponto no holograma tem um *contexto* diferente. E é disto que tudo depende. Do contexto.

Há uma teoria na mecânica quântica de que todo resultado possível para qualquer situação é produzido cada um em uma realidade quântica diferente. Na realidade holográfica, isto é colocado de modo diferente: Tudo é verdadeiro em algum lugar do holograma.

Assim, quando alguém lhe pergunta se algo é verdade, você pode dizer sim. Sempre é – em algum lugar no holograma. Mas se é verdade em uma parte específica do holograma, tal como aqui e agora, depende do contexto do aqui e agora. Para que suas respostas sejam consistentemente verdadeiras, você precisa confiante e consistentemente ler o contexto de cada questão e situação. O padrão fractal é o sistema que faz isto para você.

Quando você está procurando uma resposta em um saco sem fundo de respostas, é impossível saber qual pegar. O padrão fractal, contudo, mostra o caminho para a resposta única. Ele revelará o contexto da pergunta e assim também a resposta mais apropriada. Quando você conhece o contexto do qual algo depende, você sabe qual precisa ser o conteúdo.

Amplitude

Existem dois aspectos relacionados com o alcance. Um deles é o tipo e estilo da habilidade metafísica que você pode usar e outro é a distância em que você pode usar sua habilidade.

Há um grande número de habilidades metafísicas. A intuição é um termo geral para todas elas, mas há termos mais específicos. Há a telepatia, a comunicação do pensamento por outros meios do que os canais conhecidos dos sentidos físicos. Também há a empatia, que é similar à telepatia, exceto o que é comunicado são emoções ou experiências. A psicometria é a leitura da energia de objetos e a geomancia é a leitura da energia de ambientes. A leitura de vidas passadas está conectada com tempos passados e a clarividência está relacionada com tempos no futuro. Há a percepção áurica e a visão à distância. Há a leitura da saúde e a cura energética. Há a comunicação com guias espirituais, animais e os mortos. Há um intuitivo médico ou um xamã.

A habilidade metafísica cobre todas as facetas e aspectos da vida. Mas todas elas operam de acordo com os mesmos princípios, as mesmo cinco chaves, e usam a mesma habilidade – comunicação outra que os canais conhecidos dos sentidos físicos. A telepatia é a primeira habilidade e é qualquer habilidade. Cada habilidade separada é uma variação de um tema. A única coisa que muda é o que está sendo comunicado, ou com quem.

Quando você tiver captado as cinco chaves e obtido uma compreensão da telepatia, o alcance de sua habilidade pode ser tão amplo e tão focado quanto você escolher. Você será capaz de desenvolver qualquer habilidade que você deseja, simplesmente focando seus esforços em comunicar-se naquela direção. A distância do alcance, contudo, exige um pouco mais de habilidade com o padrão fractal.

Quando você olha para algo perto de você, é fácil vê-lo. Quando você olha para algo distante, às vezes pode ser difícil de ver. Por quê?

É mais difícil focar no que está distante. Isto é igual metafísica e energeticamente quanto é fisicamente. Se você for capaz de manter seu foco, você pode operar a uma distância tão fácil e confortavelmente quanto você é capaz de operar de perto. Usar o padrão fractal significa que você pode trabalhar a uma distância, com apenas um pouco de esforço adicional. Movendo seu foco de uma parte do padrão para outra, você pode manter seu foco à distância simples e facilmente.

Mude seu foco da parte do padrão que se relaciona com o tempo e lugar onde você está ao tempo e lugar que você necessita trabalhar. Quando você tiver feito isto, mantenha sua consciência lá e você descobrirá que trabalhar à distância é pouco diferente do que trabalhar com o que está à mão, apesar de que a interação direta do corpo não estará presente. Você não precisa que seu corpo esteja presente para realizar trabalho psíquico. O trabalho, afinal de contas, é metafísico, mas há algo de que você sempre precisa – amor.

6
A QUINTA CHAVE: AMOR

Ao começar a trabalhar com energia, você notará sua grandiosa abundância. Ao aprender como equilibrar os seus fluxos energéticos, você será preenchido com mais energia do que você pode imaginar agora. Às vezes pode ser difícil reconhecer, mas tudo que você quer em sua vida já está aí. Pode apenas não estar de uma forma que você reconheça.

Com amor, é mais fácil aceitar o que temos em nossas vidas. E isto torna mais fácil para nós reconhecer o que temos, não importa que forma assuma. Este livro é sobre habilidade psíquica. Por ter lido até aqui, você deve ter um desejo de desenvolver habilidade psíquica, quer você o reconheça ou não. Com amor, você será capaz de reconhecer que já possui esta habilidade.

Todo mundo possui. Todo mundo tem um espírito e a habilidade psíquica provê o espírito com um modo de se comunicar. Contudo, nem todo mundo é confiável e conscientemente psíquico. Isto requer prática. O amor torna a prática mais fácil. É mais fácil praticar algo, quando você aceita que já sabe fazê-lo, mesmo se apenas de modo inconsciente, do que praticar algo que você não sente que possa fazer.

E assim como a energia é abundante no Universo, assim é o amor. Às vezes pode parecer que ele não está fluindo para você, mas sempre está. Contudo, você pode não ser capaz de senti-lo, se o seu fluxo está desequilibrado.

Há três modos de equilibrar o fluxo do amor em sua vida. Ao usar as quatro primeiras chaves, você conhecerá a si mesmo do jeito que você é verdadeiramente. Você é uma pessoa bonita, cuja verdadeira natureza está imbuída de verdade e amor. Ao conhecer seu verdadeiro eu, você naturalmente se amará mais. Uma coisa não pode acontecer sem a outra. E à medida que você se ama mais, o amor crescente que você tem dentro será refletido e equilibrado por um amor maior fora de você.

Apesar disto, em alguns momentos, amar a si mesmo pode parecer um desafio grande demais. Nestes momentos, é melhor começar fora de você.

Foque em alguém em sua mente e sinta o amor que você tem por esta pessoa. Se sua mente começa a tagarelar com crítica a esta pessoa, ou aquilo que você está fazendo, simplesmente faça o seu melhor para manter-se focado em como você se sente a respeito da pessoa que você ama. Isto vai exercitar seu chacra cardíaco, ensinar-lhe a prática do amor incondicional e abri-lo para receber mais em troca. À medida que você aprimora isto, você será capaz de sentir amor mesmo por pessoas que você acha difíceis. E quando você o faz, esteja preparado para a melhora no seu relacionamento.

O terceiro modo é ainda mais fácil. Assim como você acha fácil ser grato pelo que você ama em sua vida, você achará mais fácil amar aquilo pelo qual você é grato. Foque em uma área da sua vida na qual você gostaria de experienciar mais amor. Foque nos aspectos pelos quais você é mais grato e permita-se sentir esta gratidão.

Se você acha difícil sentir gratidão, isto significa que você ainda não está consciente de como a situação está sendo útil para você. Pense no que você está aprendendo e como isto vai beneficiar você. Depois foque nos benefícios e quão grato você é por eles. A partir daí, é um pequeno passo para ser grato pela lição e, deste lugar, é um passo ainda menor para ser grato pela situação que lhe ensinou a lição.

Faça isto várias vezes e você começará a se sentir mais próximo, e mais positivo e caloroso a respeito da situação ou da pessoa em que você está focando. Continue fazendo isto e você sentirá seu coração se abrir para esta situação ou pessoa.

Uma vez que seu coração está aberto, o mundo se abrirá para você. Isto não significa que você não vai experienciar desafios.

Você vai. Qualquer situação difícil é um desafio para você abrir seu coração ainda mais. Mas o amor que você sente lhe dará a confiança e a força para superar todos os desafios, realizar seu propósito e viver de acordo com seu potencial. Você será capaz de estender seu amor para todos em torno de você. Você será capaz de ser verdadeiramente eficaz, tanto psíquica quanto metafisicamente.

Graça

Graça é uma das dádivas do amor divino. É a bênção de realizar seu destino, o desejo de sua alma. Você tem uma missão na vida, mesmo que você tenha sido ensinado a pensar diferentemente. Todos nós temos uma missão. Você pode ter aprendido que você não é importante, ou que aquilo que você faz na vida é insignificante. Nada poderia estar mais longe da verdade.

Você é único no Universo. Em lugar algum há alguém exatamente como você. Há coisas que você pode fazer, que ninguém outro pode. Há verdades que você pode perceber da perspectiva única da sua vida, que outros podem vir a saber apenas através de você. Há uma centelha do divino, da força criativa, de gênio em você. Através de você, esta centelha pode se expressar como nunca antes.

Você é um portal único e especial da vontade divina. Sem você, o Universo seria diferente. Há algo que você é destinado a fazer em sua vida, que ninguém outro pode. Se você não realizar isto, ninguém outro será capaz de fazê-lo por você. Se você não o realizar, ele não será feito e o futuro estará modificado. O futuro do Universo depende de você realizar seu destino. Muito literalmente, o futuro do Universo se apoia em seus ombros. Se alguma vez você se sentir pequeno ou insignificante, lembre-se disto.

E lembre-se também que a graça para realizar seu destino vem a você diariamente. É fácil ser levado a pensar que o seu destino vai chegar com um drama repentino, ao soar de trombetas. Apenas raramente isto acontece. E quando acontece, é sempre como a culminação de pequenos atos de graça. Levar dezoito anos para se tornar um sucesso da noite para o dia é uma máxima sobre o sucesso.

Procure a graça que percorre sua vida todo dia, cutucando você gentilmente em direção ao seu destino. Procure por ela e aja com ela. Esta é a mão do amor divino guiando você. Ela vai desafiar você. Ela vai exigir muito de você. Se você estiver disposto a dar o que for pedido, ela lhe mostrará o caminho para o seu maior potencial e seus maiores dons. Ela vai lhe mostrar o caminho para seu verdadeiro Eu, seu eu aperfeiçoado.

III

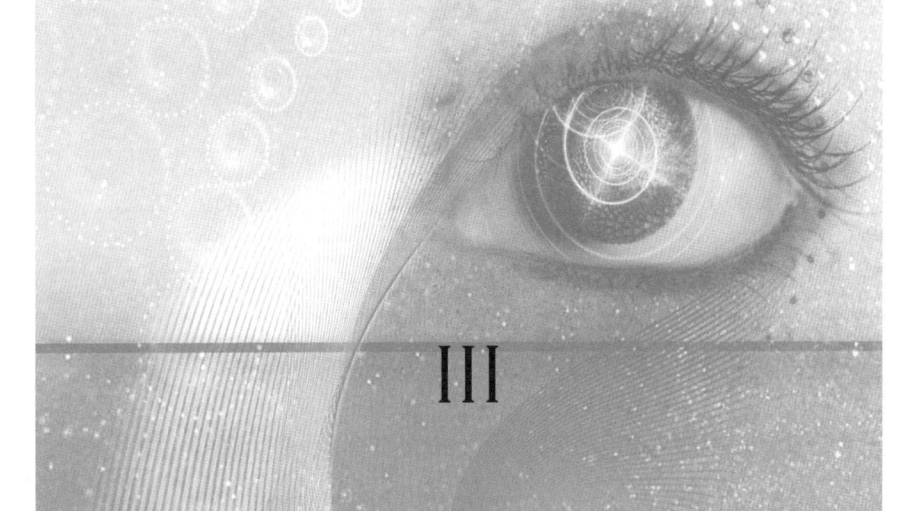

COMO USAR AS CINCO CHAVES

7   Prática em Fluxo Bioelétrico

Manutenção energética

Para manter uma boa saúde energética e física enquanto realiza trabalho espiritual, você precisa manter seus fluxos energéticos equilibrados. Se você não o fizer, seu corpo perderá a habilidade de lidar com as grandes quantidades de energia que você está usando e começará a entrar em 'curto-circuito'. Os sintomas mais comuns associados com este problema são aqueles conectados com o funcionamento de seu sistema nervoso.

Aqui há algumas maneiras para você começar a praticar o equilíbrio energético. Eu recomendo que você faça estes exercícios todo dia, para manter boa saúde. Manutenção energética é tão necessária quanto higiene dental. Assim como você escova seus dentes todo dia, você precisa equilibrar sua energia todo dia. Um bom momento para isto é imediatamente antes de você adormecer. Não apenas isto ajudará a manter sua energia, como também vai auxiliá-lo a dormir mais profundamente. O processo é descrito abaixo. Sente ou deite-se em algum lugar onde você não seja perturbado. Relaxe. Feche seus olhos e respire profundamente algumas vezes, antes de começar os processos de manutenção.

Manutenção energética 1

O principal circuito energético é seu Canal da Kundalini, que corre ao longo de sua espinha. A energia em sua espinha corre em duas direções simultaneamente, obedecendo à Lei da Dualidade. Você tem uma corrente de energia subindo de seus pés até sua cabeça e daí para o Universo ou Deus, e você tem uma segunda corrente de energia entrando pela sua cabeça desde o Universo ou Deus, descendo para os seus pés e daí para a terra.

Foque na sua espinha agora. Foque no seu Canal da Kundalini até que você se torne consciente das duas correntes de energia fluindo através dele. Sinta cada uma. Qual das duas correntes é a mais forte?

Se você realizou muito trabalho espiritual, é provável que a energia que flui do divino é a mais forte das duas. Quão mais forte ela é, em relação à energia que sobe da terra? Se ela for significativamente mais forte, causará algum desconforto ao seu corpo, se não produzir sintomas físicos reais.

Para equilibrar sua energia, aumente o fluxo menor. Em nosso exemplo, o fluxo menor é a energia subindo da terra para o Divino. Esta é a energia que seu corpo utiliza para manter-se.

Toda energia responde a uma coisa e uma apenas. Esta uma coisa é consciência. Em suas práticas espirituais, você pode usar ritual ou visualização, ou qualquer número de outras técnicas, para mover energia. Há muitos modos de focar sua vontade consciente, para que sua energia responda. Foi a consciência que criou energia. É sua consciência que dirige e controla sua energia.

Há dois aspectos da consciência que controlam diretamente a energia. São o foco e a intenção. Qualquer prática energética eficaz usa foco e intenção. Quando estes dois aspectos estão clara e fortemente presentes, a energia responderá.

Para reequilibrar a energia em seu Canal da Kundalini, foque no fluxo menor e coloque a intenção de que ele aumente até o ponto em que seja tão forte quanto o outro fluxo. Se seu foco for suficientemente claro e sua intenção suficientemente forte, isto acontecerá. Não há necessidade de forçá-lo. Apenas sustente a intenção e mantenha seu foco claro e isto acontecerá.

Faça isto regularmente e você vai perceber que as correntes de sua energia começarão a manter este fluxo equilibrado. Quando seu fluxo se mantiver equilibrado por um período de tempo razoável, tornar-se-á mais fácil para você trabalhar com energia. Quaisquer sintomas que você estava sentindo, devido ao desequilíbrio anterior, serão curados.

Manutenção energética 2

A função fundamental da consciência é a habilidade de fazer uma escolha, tomar uma decisão. É isto que você faz, ao colocar sua intenção e foco. Você decide no que e onde e como você quer que sua energia esteja. Muitas pessoas criam suas vidas tomando decisões primariamente inconscientes. Quanto mais conscientes forem suas decisões, mais consciente você estará.

Agora que sua energia da Kundalini está bem equilibrada, você pode estender este equilíbrio aos seus chacras. Mais uma vez, você pode fazer isto simples e facilmente, usando seu foco e intenção.

Foque nos seus chacras. Quais chacras estão mais ativos? Há mais energia fluindo para eles, ou saindo deles? Há mais energia fluindo para dentro e para fora dos chacras frontais ou dos chacras dorsais?

A atividade de seus chacras é uma consequência direta de suas escolhas. Qualquer energia que você esteja escolhendo trazer ao mundo neste momento, consciente ou inconscientemente, o chacra mais próximo desta energia será o mais ativo. Se você tiver apenas um chacra ativo, por exemplo, isto quer dizer que você está trazendo apenas esta energia para você e para o mundo. Quanto mais chacras você tiver ativos, a mais energias você terá acesso e mais completa será sua consciência.

Comece focando em cada chacra. Assegure-se de que a energia fluindo para dentro e para fora de cada um está equilibrada. Novamente, foque no fluxo menor de energia e coloque a intenção para que ele aumente, até emparelhar-se com o fluxo maior.

Às vezes nossos padrões inconscientes podem interferir na nossa troca com outros, fazendo-nos dar ou receber mais energia. Se dermos demais, ficaremos exauridos. Se recebermos demais, podemos criar ressentimento em torno de nós. Equilibrando seus chacras deste modo, você também equilibrará sua vida.

Uma vez que cada chacra esteja equilibrado, foque em cada par de chacras – a parte frontal e dorsal de cada chacra. Seus chacras de base e da coroa já deverão estar equilibrados, pelo equilíbrio da energia da Kundalini. Assegure-se de que cada par de chacras tenha um fluxo igual de energia. Mais uma vez, se você detecta um desequilíbrio, foque no fluxo menor e coloque a intenção para que ele aumente até emparelhar com o fluxo maior.

Por meio deste processo, você aumentará sua energia e vitalidade, bem como se equilibrará. Se você fizer este processo regularmente, você se tornará uma pessoa mais forte e saudável, física e metafisicamente.

O passo final é equilibrar o fluxo geral da energia em seus chacras. Foque em todos os sete chacras. Há um chacra dominando o fluxo de sua energia? Novamente foque nestes fluxos que são menores e coloque sua intenção para que eles aumentem e se emparelhem com os maiores.

Fique atento à sua intuição neste último passo. Às vezes um chacra pode estar mais ativo devido ao trabalho que você está fazendo, do mesmo modo que um grupo de músculos estará mais ativo em certos exercícios. A hiperatividade de um chacra por curto tempo não é um problema. A questão aqui é corrigir qualquer desequilíbrio de longo tempo, que se tenha desenvolvido, não um desequilíbrio atuando por curto espaço de tempo.

Alcançar e recuar

Quanto mais controle você for capaz de exercitar sobre sua própria energia, mais forte você se tornará energeticamente.

Eis aqui um exercício que você pode usar para aumentar o seu controle energético. Quando você estiver praticando, foque em um aspecto do controle a cada vez. Os diferentes aspectos do controle energético são:

1. A velocidade com que você começa e pára seus fluxos energéticos

2. A intensidade ou quantidade da energia de seu fluxo

3. A precisão com que você controla seus fluxos energéticos

Você pode usar este único exercício para praticar todos os três aspectos. Enquanto você está trabalhando, simplesmente concentre-se no aspecto específico que você está controlando.

Para este exercício, você precisará de alguns objetos (quatro ou seis são um bom número). Não importa quais são, contanto que sejam leves o suficiente para você poder pegá-los facilmente. Você vai achar este exercício mais fácil, se você não tiver sentimentos positivos ou negativos fortes pelos primeiros poucos objetos que você escolher.

- Coloque os objetos diante de você

- Alcance o primeiro objeto

- Alcance-o de todo jeito, para que você possa se conectar com ele plenamente

Alcance energeticamente, bem como fisicamente. Pegue o objeto. Foque totalmente nele. Use sua intenção para levar o fluxo de sua energia para dentro do objeto. Continue fluindo sua energia para o objeto, até ela permear e envolver cada parte dele. Quando você tiver feito isto, você será capaz de sentir o objeto "através da sua pele". Vai parecer que ele é parte de você. Quando você tiver feito isto, você alcançou plenamente o objeto.

Muito bem!

Conectar-se com algo deste modo tem muitos benefícios. Movimenta qualquer energia "bloqueada" de seu relacionamento com o objeto ou o que ele representa para você. Além do mais, sua própria energia vai ressoar mais facilmente com a energia do objeto. Isto pode ser extremamente útil, se você quer manifestar mais desta energia em sua vida. Por exemplo, se na próxima vez que você for ao banco você "alcançar" energeticamente todo o dinheiro no caixa, suas vibrações financeiras aumentarão.

Agora que você conseguiu alcançar um objeto, recue dele.

Recue dele de todo jeito, de modo que você se desconecta dele totalmente – energeticamente, bem como fisicamente. Coloque-o de volta, remova seu foco dele e nem mesmo olhe para ele. Use sua intenção para afastar sua energia dele. Se você achar isto difícil, foque em seu próprio corpo e busque, em vez disto, alcançar seu corpo. Isto retirará eficazmente sua energia do objeto.

Recue até que sua conexão com o objeto se desfaça. Quando você tiver recuado eficazmente de um objeto, você vai sentir como se este objeto não existisse. Você estará completamente separado e desapegado dele.

Muito bem!

Continue alcançando e recuando deste modo, até que sua energia flua instantânea e facilmente, e até que você seja capaz de controlar quão longe e quanto de sua energia flui. Quando você for capaz de fazer isto, você terá alcançado controle sobre sua própria energia e estará no caminho em direção à maestria energética.

Quando você se sentir pronto para dar a você mesmo um desafio maior, pratique usando objetos com os quais você tem uma pendência, tal como drogas (médicas ou outras), álcool, fotografias de um parceiro antigo ou atual, fotos de sua família, imagens de seus objetivos ou qualquer coisa em relação à qual você tem sentimentos fortes. Se você tem fortes sentimentos negativos por um objeto, você vai achar desafiante alcançá-lo e muito fácil recuar. Se você tem sentimentos positivos muito fortes, você vai achar fácil alcançar e um desafio recuar.

A prática de alcançar e recuar o ajudará a se mover rapidamente em direção a um espaço de desapego, onde você pode lidar facilmente com qualquer objeto, independentemente do que ele seja ou represente para você.

8   Prática em Campos Biomagnéticos

Sem um espaço forte e saudável, a telepatia é impossível. Em um espaço fraco, há tantos pensamentos perdidos, que é impossível saber que pensamento é de quem. O controle e o equilíbrio são impossíveis, sem um espaço forte e estável.

Um espaço forte e estável é essencial para qualquer tipo de trabalho metafísico. Para criar tal espaço, você precisa manter todos os seus pensamentos e emoções completamente neste espaço. Um espaço limpo é como uma casa limpa. Requer faxina metafísica.

Mantendo espaço

Para você manter seu espaço e conter os pensamentos nele de forma ordenada e cuidada, você precisa ser capaz de reconhecer quando um pensamento está em seu espaço. O seguinte processo é designado para fazer justamente isto. Passe cinco a quinze minutos todos os dias fazendo este exercício, até que você esteja confiante de que não mais precisa o foco do exercício para detectar um pensamento.

Exercício da vela

Não é surpresa que você vai precisar de uma vela para este exercício. Você também vai precisar de um pedaço de papel e uma caneta ou um lápis que escreva facilmente.

Sente-se diante da vela e "esteja com" a chama. Permita-se sentir a relação entre você e a chama. Como com um bom amigo, você não tem que dizer nada ou fazer nada – apenas esteja aí, desfrutando da presença da chama. Isto é o estar com o outro. Mas não se permita dispersar. Sua intenção neste exercício é permanecer plenamente consciente e presente, de modo que você possa perceber seus pensamentos.

Quando você está simplesmente sendo, não há pensamentos. Quando você pensar em algo, mesmo na chama, você está tendo um pensamento.

Cada vez que você tiver um pensamento, faça um traço no pedaço de papel com a caneta. Cada traço é um reconhecimento físico de que você teve um pensamento. Assim que você tiver feito o traço, volte a "estar com" a chama.

Este exercício treinará sua mente para captar e reconhecer qualquer pensamento que entre em seu espaço. Não se preocupe se, nas primeiras vezes que você o fizer, você terminar com mais, em vez de menos marcas. Você está se tornando mais consciente de quantos pensamentos você tem.

Para criar um espaço forte e estável para você, não é necessário ter nenhum pensamento. Você precisa ser capaz de captar quaisquer pensamentos que você está tendo, ou que estão vindo a você de outros, e reconhecê-los rapidamente. Este exercício lhe ensinará como fazer exatamente isto.

Ao se tornar apto a captar pensamentos, você começará a perceber que alguns pensamentos trazem um "sentimento" diferente do que outros. Alguns vão parecer estar em casa no seu espaço e outros serão sentidos como diferentes. Aqueles pensamentos "diferentes" não são os seus pensamentos. Com prática, você saberá quais pensamentos são seus próprios e quais os que você está captando por meio de telepatia inconsciente.

Para um espaço completamente forte e estável, você também precisa ser capaz de captar e reconhecer quaisquer emoções que podem estar em seu espaço. Use o mesmo exercício para praticar como captar suas emoções, com esta diferença: faça uma marca de aceitação, em vez de reconhecimento, para cada emoção que você tiver. Isto treinará seu coração para aceitar todas as suas emoções e seu espaço se tornará emocionalmente mais forte e claro.

Apenas uma observação: há uma razão muito importante para usar uma chama em lugar de um objeto fixo. Se você olhar para um ponto fixo por tempo suficiente, você se colocará em um estado hipnótico. Apesar de isto poder ser útil em algumas situações, tal estado não vai ajudá-lo a fortalecer seu espaço.

Completando pensamentos

Agora que você aprendeu a captar seus pensamentos e suas emoções, você pode levar a prática um passo além e completá-los. Completar um pensamento significa fechar o ciclo dele, o que lhe permite liberar o pensamento e recuperar qualquer energia que você possa ter ligado a ele.

Quando um pensamento ou uma emoção está completo, você pode se desapegar dele. Não há carga emocional ou energética.

Pense em uma ocasião em que alguém que você conhece passou por você na rua. Você gritou e acenou, mas a pessoa não disse alô nem acenou em resposta. Quão estranho ou desconfortável você se sentiu? Bastante desconfortável, provavelmente. Mas quando você mencionou o incidente mais tarde, seu amigo ou sua amiga se desculpou e explicou que não viu você. Como você se sentiu então? A carga ou perturbação foi embora, não foi? Isto se deve ao fato de que, quando você falou com seu amigo, ou sua amiga, você completou a comunicação. Este sentimento de "Ufa, agora está melhor" é o sentimento de completude. *É o sentimento da energia envolvida nesta situação incompleta retornando a você.*

Completude é um processo básico a muitas técnicas de cura espiritual. Para ficar completo você precisa passar por um número de passos.

1. Capte a incompletude

Quando você tem carga energética com alguém, você está incompleto com ele. Carga energética levará você a ficar obsessivo com algo ou pensar a respeito constantemente. Algo com que você tem carga energética terá controle sobre você. Se algo ou alguém está controlando como você se sente, você está incompleto com isto.

2. Entre em comunicação com a incompletude

Diga "oi!" para ela, seja uma pessoa, uma situação ou uma memória. Isto estabelecerá uma conexão consciente e quando você a tiver, você será capaz de mudar seu relacionamento com isto. Você não precisa fazer isto em voz alta ou falar com a pessoa diretamente. Você pode fazê-lo na privacidade da sua própria mente. Este é um processo energético. Faça-o com foco e intenção e ele funcionará para você.

3. Reconheça qualquer resposta que você obtiver

Sua conexão com sua incompletude precisa ser uma conexão de mão dupla. Continue falando com ela em sua mente, até que você obtenha uma resposta, qualquer resposta. Quando você obtiver uma resposta, é importante, para este processo, expressar agradecimento.

4. Faça uma afirmação clara e simples de sua verdade

Tão conciso e preciso quanto você puder, comunique sua verdade para sua incompletude. Se você não souber porque está incompleto, simplesmente comunique o fato de que você está incompleto.

5. Ouça a resposta

Haverá uma. Para este exercício, não importa se a resposta vem do objeto, da pessoa em questão, ou de sua imaginação. À medida que você pratica o exercício anterior (Exercício da Vela, página 81), você começará a saber se a resposta vem da sua imaginação ou não. E ao praticar este exercício, seu espaço se tornará mais forte e você obterá a força para efetuar comunicações telepáticas reais.

6. Reconheça a resposta

Seja o que for pelo que você estiver grato, ou o que quer que você reconheça, isto aumentará em sua vida. Reconhecer esclarece e limpa a energia.

7. Repita os passos 4 a 6 até a completude

Lembre o sentimento de "Ufa, agora está melhor". Este é o sentimento da completude. Se você repete os últimos três passos sempre de novo, com o tempo você alcançará completude. Afirme sua verdade – ouça a resposta – reconheça a resposta. Depois faça sua próxima afirmação e continue este processo, até que você atinja a completude. Quando você fizer este exercício pela primeira vez, o processo de completamento pode levar algum tempo. Mas, com prática, ele se tornará cada vez mais rápido. E com cada completude, seu espaço se tornará mais forte.

Abdominais espaciais

Seu corpo necessita dois tipos de condicionamento físico – condicionamento cardiovascular e condicionamento muscular. O condicionamento cardiovascular resulta de exercícios aeróbicos. Quando você trabalha pesado, seu corpo requer mais oxigênio, seu coração trabalha mais forte e sua respiração se aprofunda. O condicionamento muscular resulta de levantamento de pesos.

Seu espaço também precisa respirar e ganhar força. Ao limpar os pensamentos e as emoções no seu espaço, você permite ao seu espaço respirar. Ao fazer o exercício seguinte, seu espaço estará "levantando pesos" e construindo força energética.

Faça este exercício regularmente, até que você seja capaz de fazê-lo fácil e intencionalmente. Então você estará energeticamente apto.

Comece obtendo uma ideia de quão grande é seu espaço. Se você sabe sentir energia, você pode encontrar o limite do seu espaço energético.

Para fazer isto, segure sua mão, com a palma aberta voltada para seu osso esterno, sem tocar suas roupas. Perceba como sua mão sente. Está quente? Fria? Formigando? Há qualquer pressão contra ela? Foque em como sua mão sente.

Agora estique sua mão tão longe quanto você alcançar, a palma ainda voltada para o esterno. Como sua mão sente ali? Alguma diferença? Mais fria, talvez? O formigamento foi embora, ou o ar está mais frio? Mova sua mão para perto e para longe, até você perceber no que consiste a diferença.

Esta diferença é criada pela sua energia. O interior de seu espaço é sentido diferente do que o exterior. Desloque sua mão para dentro e para fora, até encontrar o ponto exato onde ocorre a mudança de quente para frio, ou em que o formigamento deixa de formigar, ou de "ar grosso" para "ar fino". Haverá uma mudança precisa na sensação, em algum ponto específico. Uma fração mais perto e está quente; uma fração mais longe e está frio. Encontre este ponto. Seja tão específico quanto puder. Então mantenha sua mão aí. Quão distante é? Este é o limite de seu espaço neste momento.

Agora foque no seu espaço. Obtenha uma imagem clara em sua mente, de quão grande seria, se tivesse a metade de seu tamanho atual – isto é, se o diâmetro de seu espaço fosse metade do que é agora, do topo até o chão, da esquerda até a direita, de trás até a frente. Mais uma vez, use sua intenção e foco. Foque no tamanho que você deseja que seu espaço seja e intente para que seja deste tamanho.

Bom. Ele se reduziu por igual? O que aconteceu acima de sua cabeça ou abaixo de seus pés? O que aconteceu atrás de você? Foque na *totalidade* de seu espaço. Se você reduzir apenas uma parte à metade, seu espaço vai inchar em outra parte, como um balão apertado entre dois dedos. Foque no seu espaço e intente para que ele encolha em tamanho como um balão faz, quando aumenta a pressão atmosférica, i.é., de todos os lados. Se o seu foco tiver clareza suficiente e sua intenção for suficientemente forte, é isto que vai acontecer.

Quando você tiver reduzido com sucesso seu espaço até metade de seu tamanho original, pare e perceba por um momento como você se sente. Sua energia está agora contida em um volume muito menor. Como é conter sua energia deste modo? Quando isto seria benéfico para você?

Puxar sua energia para dentro torna-a mais densa. Apenas isto lhe dará um espaço mais forte, pelo menos pelo tempo que você continuar a conter sua energia deste modo. Assim, conter sua energia seria benéfico quando você precisar de proteção mais forte.

Agora faça a outra metade da abdominal. Qualquer que tenha sido o tamanho de seu espaço no começo, obtenha uma imagem clara em sua mente de quão grande seria, se tivesse duas vezes o tamanho original, em diâmetro. Mais uma vez, use seu foco e intenção. Desta vez, expanda seu espaço até que duplique seu tamanho original, como um balão, quando a pressão externa diminui. Foque em seu espaço e intente que seja deste tamanho, e ele responderá.

Agora segure seu espaço neste tamanho expandido. Sua energia está distribuída em um volume muito maior. Como isto se sente? Quando isto seria benéfico?

Distribuir sua energia em um volume maior a torna mais fina, mas expansiva. Permite-lhe conectar-se facilmente com qualquer coisa em seu espaço. Expanda sua energia, quando você quiser se conectar com aqueles que estão à sua volta, ou com a energia do seu ambiente.

Movimente seu espaço para fora e para dentro, desde a metade de seu tamanho até o dobro de seu tamanho, e de volta. Isto é abdominal. Mantenha isto como parte de sua prática regular e você logo construirá sua força e seu condicionamento energético. Condicionamento energético é muito importante para qualquer um que esteja realizando trabalho energético, metafísico ou espiritual regularmente. Assim como uma prática física, seu trabalho vai revigorar e revitalizar você, não drenar você.

Não faça mais do que seis abdominais para começar, ou você vai danificar suas estruturas energéticas. Assim como acontece com exercício físico, você precisa aumentar lentamente. Não se surpreenda, se você se sentir cansado depois das primeiras poucas abdominais. E lembre-se de recolocar seu espaço no tamanho normal, quando você tiver terminado.

9 PRÁTICA EM REALIDADE HOLOGRÁFICA

Trabalhar nos alcances infinitos do holograma requer um relacionamento forte e equilibrado com seu corpo. Você precisa do suporte e da cooperação de seu eu físico, do mesmo modo que você precisa deles de seu eu espiritual. Um bom relacionamento com o seu corpo requer que seu espírito confie em seu corpo e que seu corpo confie em seu espírito. Então você valorizará a informação e a contribuição de ambos os níveis de sua consciência. A prática seguinte ajudará você a desenvolver tal relacionamento.

EQUILIBRANDO O CORPO

Comece toda manhã perguntando ao seu corpo, "Qual coisa você gostaria de fazer hoje?".

Apenas uma coisa. Reconheça aquilo que seu corpo pedir e o faça. Se aquilo que seu corpo quiser é difícil de realizar, tal como voar para Paris para o café da manhã ou permanecer na cama o dia todo, então negocie isto. Descubra o que o corpo está tentando alcançar e encontre outro modo de satisfazer as necessidades do corpo – um que apoiará você.

Este exercício é designado para auxiliar na comunicação entre você e seu corpo. Os lados metafísico e físico de seu corpo podem desenvolver um relacionamento de interdependência, em vez de codependência. Não se trata de permitir que seu corpo domine sua vida.

Inicialmente você pode não ter certeza se a resposta que você recebe vem da sua consciência corporal ou da sua imaginação. Isto foi exatamente o que aconteceu, quando você começou a usar sua intuição. Você não tinha certeza se era a coisa real ou sua imaginação. Com o tempo, contudo, você foi capaz de reconhecer a diferença. O mesmo acontecerá aqui, se você continuar a fazer este exercício toda manhã.

Você vai descobrir que toda vez que você ouvir seu corpo e honrar sua solicitação, você se sentirá melhor. Sua energia física aumentará e assim também sua habilidade em equilibrar suas energias metafísicas.

Fazer este único pequeno exercício capacita o corpo a confiar novamente no espírito, enquanto o corpo aprende que suas demandas físicas são respeitadas e apoiadas. E capacita o espírito a confiar novamente no corpo, ao se tornar claro que as demandas do corpo são apoiadoras e construtivas, em vez de destrutivas.

Criando ressonância

Você sabe o que é ressonância? Ressonância é a resposta de todas as coisas à sua própria vibração inata. Suponha que você tem dois diapasões da mesma vibração, digamos Mi sustenido, e você toca um, de modo que ele vibre. Quando o segundo diapasão está perto o suficiente do primeiro, ele começará a vibrar "em simpatia". Isto é ressonância. Isto é o que todos nós fazemos, quando estamos perto de algo que vibra nas nossas próprias frequências.

É possível aprender a mover sua percepção pelo holograma. Isto, também, é feito por ressonância. Quando você muda suas vibrações para emparelhar com a ressonância de outro tempo e lugar, você está conectado a este tempo e lugar. De fato, num sentido muito real, você está naquele tempo e lugar.

A mecânica quântica está começando a explorar este fenômeno. Certas partículas subatômicas estão conectadas de um modo que os cientistas ainda não compreendem plenamente. Quando algo tem a vibração de alguma outra coisa, ela se torna esta outra coisa. Quanto mais preciso for o emparelhamento energético, mais completa será a mudança.

Quando você muda sua vibração para a de outra pessoa, você experiencia o mundo da perspectiva desta pessoa. Emparelhar vibração com algo é um modo muito rápido e eficaz de aprender.

Você pode usar o padrão fractal do Universo para navegar pela realidade holográfica, mas é a ressonância que de fato move você de um lugar para outro, uma vez que você focou aonde quer ir. Criar este tipo de ressonância não é uma habilidade recém-descoberta. É uma das habilidades metafísicas mais antigas. Um nome para esta habilidade é *transformatismo*[2] [shape-shifting].

O transformatismo é uma habilidade xamânica primária. Ela era usada para assumir a energia de um animal selvagem. Deste modo, o xamã aprendia a natureza e os hábitos do animal e descobria onde se encontrava a boa caça. Você pode usar esta habilidade para aprender de qualquer coisa no holograma, ou pode ajudar em seus relacionamentos com outros e em suas negociações. Todos nós nos abrimos mais facilmente àqueles que sentimos como sendo iguais a nós, de algum modo.

O transformatismo permite que você experiencie as emoções e experiências de outros. É uma habilidade empática, que também auxilia a telepatia. Quanto mais próximas estiverem suas vibrações da pessoa com quem você está tentando se comunicar telepaticamente, mais clara a comunicação será.

Mais uma vez, uma habilidade metafísica requer foco e intenção. Escolha um objeto e pratique transformatizar-se neste objeto. Eu sugiro que você comece com árvores. Sua energia é receptiva e auxiliará no processo.

Foque na árvore que você escolheu. Sinta sua energia. Clarifique esta energia em sua mente. Agora intente que sua energia se torne

---

[2] Não há uma tradução para a palavra inglesa 'shapeshifting'. O termo 'transformatismo' foi criado pela junção das palavras significando 'transformação' e 'atuação' (performance), a fim de transmitir o significado da palavra no inglês. N.T.

exatamente como a da árvore. Isto não é diferente das abdominais de espaço, exceto que seu foco é um pouco mais complexo.

Continue praticando. Para começar, apenas parte de sua energia vai mudar. À medida que você se aprimora, mais e mais do seu espaço, mais da sua energia, vai se transformatizar na energia da árvore. Quanto mais você pratica, mais flexível sua energia se tornará.

Passe algum tempo transformatizando-se na árvore, depois volte para você mesmo, depois volte novamente para a árvore. Para retornar à sua própria forma, foque na sua energia e intente para que ela retorne ao normal. Quando você dominou esta transformatização para lá e de volta, você pode transformatizar-se em outras coisas. Animais de estimação são sujeitos divertidos. Objetos podem ser interessantes. Os ninjas têm reputação de serem capazes de usar esta habilidade como camuflagem.

Cinco a dez minutos são suficientes, inicialmente, para este exercício. Não passe mais tempo do que isto em um estado transformático. Este exercício pode ser muito cansativo. Mais importante, ele pode ser desorientador. Você precisa ser capaz de lembrar suas próprias frequências e vibrações. Passar tempo demais em um estado transformático pode levar você a perder contato com você mesmo ou seu centro. Lembre sempre de retornar à sua própria forma energética, quando você terminar de praticar.

Pratique três vezes por semana, até que você consiga transformatizar-se fácil e voluntariamente. Então você terá alcançado flexibilidade energética e desenvolvido uma habilidade que você pode usar para começar a se mover na realidade holográfica.

Com todos estes exercícios, você pode aumentar sua força energética. Com esta força, você pode manter seu próprio espaço e o espaço no ambiente em torno de você. Fazer isto dará a você maior influencia em seu ambiente e, portanto, em sua própria vida. Então você poderá usar esta influência para criar uma vida mais pacífica e saudável para si.

10   Prática em Padrões Fractais

Reconhecimento de padrões

Sua vida é cheia de padrões. Toda sua estrutura energética é um grande padrão autorrepetitivo ou fractal. Este padrão se expressa de muitas formas, tanto onde ele é forte e claro, quanto onde ele foi distorcido.

Cada padrão em sua vida é uma expressão da integridade ou distorção do seu padrão fractal. Você possui padrões emocionais e padrões mentais. Você tem padrões de fluxo de energia e padrões de pensamento. Seus relacionamentos operam em padrões e assim o fazem suas finanças e realizações. Cada hábito que você tem é um padrão de comportamento. Tudo que você diz, pensa, sente ou faz regularmente é um padrão.

Alguns destes padrões são de apoio, como o hábito de escovar seus dentes ou beber muita água diariamente. Outros padrões podem ter efeitos mais negativos, como fumar, beber quantidades excessivas de álcool ou comer chocolate demais. Alguns padrões, como estes, são óbvios. Outros são bem mais sutis.

Para cada padrão óbvio, há dez vezes mais padrões sutis. Estes podem ser tão simples como as palavras que você usa ou a energia em sua vida. Quanto mais consciente você estiver destes padrões, mais oportunidade você terá de aumentar suas experiências positivas.

Estando ciente, você pode focar com gratidão nos padrões positivos, aumentando seu efeito e mudar os padrões negativos para outros mais positivos. O processo de reconhecimento de padrão consiste de quatro passos. Eles são:

1. Clarear seu foco
2. Colocar sua intenção

3. Encontrar pontos de similaridade

4. Conectar os pontos

Clarear seu foco. Quanto mais precisamente você definir a área na qual você está procurando por um padrão, mais facilmente você captará o padrão. Seja tão claro e específico quanto você puder.

Foque na área de sua vida que você quer melhorar. Uma boa área para escolher seria uma na qual você tem um problema específico, tal como uma reação habitual ou um bloqueio para o sucesso. Defina a área em pauta tão plenamente quanto você puder. Focando em seus padrões nesta área, você pode aumentar o que serve e diminuir o que não lhe serve e assim obter mais daquilo que você quer. Isto levará a uma maior autoconfiança e autoestima.

Colocar sua intenção. A função primária da consciência é escolher. A energia responde às suas escolhas. Uma escolha que você faz com intenção plena de vê-la realizada é chamada de compromisso. Um compromisso tem um poder tremendo, devido à intenção que está por trás. O Universo se move pelo seu compromisso. Comprometa-se agora a encontrar o padrão que você procura. Isto é essencial. É impossível encontrar o padrão, a não ser que você se comprometa.

Encontrar pontos de similaridade. A vida aponta recorrentemente as diferenças que existem entre você e os outros. Cada problema que você tem se origina de uma diferença. Pode ser a diferença entre seu comportamento e o de outra pessoa. Ou a diferença entre suas emoções, ou energia, e os de outra pessoa. Ou a diferença pode envolver valores ou modo de fazer as coisas. Às vezes o problema está na diferença entre suas expectativas e experiências. Qualquer que seja o problema, em algum lugar dele há uma diferença. Tendemos a perceber as diferenças.

Não é tão fácil para nós percebermos as similaridades, mas elas são igualmente abundantes. As similaridades existem entre você e todas as coisas que lhe são próximas, ou pelas quais você tem carinho na sua vida. Qualquer conexão que você tenha tem algum grau de similaridade nela. Cada solução ou objetivo que você tenha alcançado o foi devido a alguma similaridade. A similaridade pode ter sido entre suas experiências e expectativas ou entre você e outras pessoas, mas as similaridades estavam aí. As diferenças criam separação, enquanto as similaridades criam proximidade.

Isto não significa que as diferenças são más e as similaridades são boas. Precisamos de ambas para manter um equilíbrio saudável entre nossa individualidade e nossa intimidade, bem como entre nossa apreciação de nossas próprias experiências e aquelas dos outros. Captar diferenças nos possibilita confrontar nossos problemas, mas captar similaridades nos ajuda a encontrar soluções – e padrões.

Para encontrar seu padrão, foque na área que você esta pesquisando, com a intenção de encontrar o padrão, e procure pontos de similaridade nela. Há algo nesta área que é como alguma outra coisa nesta área? Há um comportamento que você percebeu mais do que uma vez? Ou uma resposta emocional? Ou uma sequência de eventos ou resultados? Em algum lugar na área de seu interesse haverá um número de coisas que são similares. Encontre-as.

Conectar os pontos. Uma vez que você captou os pontos de similaridade, foque neles mais de perto, enquanto você continua sustentando sua intenção de encontrar o padrão. Há algo conectando estes pontos de similaridade. Pense nisto: há muitos pontos similares e todos eles têm uma causa. Esta causa é o que os conecta. Quando você tiver encontrado a causa, você encontrou seu padrão.

A causa pode ser algo ou alguém. Pode ser algo acontecendo no ambiente ou algo acontecendo em você. Olhe para o que acontece imediatamente antes de cada ponto recorrente e você encontrará o que está fazendo você experienciar os efeitos positivos ou negativos de seu padrão.

Uma vez que você identificou a causa do padrão, se for um padrão positivo, você pode trabalhar para aumentá-lo em sua vida. Se for um padrão negativo, você necessitará reduzi-lo. Lide com a causa e você estará lidando com o padrão.

Os passos acima são similares àqueles usados para captar os padrões fractais no espaço energético de alguém. A única diferença entre um padrão fractal e qualquer outro padrão é que o padrão fractal é um que se repete sempre de novo, infinitamente. Quanto mais você pratica reconhecer padrões gerais, mais facilmente você começará a reconhecer padrões fractais, apesar de isto ser uma habilidade metafísica ou energética avançada.

11   Prática em Amor

Gratidão matutina e vespertina

Enquanto você dorme, seu subconsciente está no controle. É através de seu subconsciente que seus pensamentos se manifestam no holograma e criam sua vida. Ao criar um enquadre de gratidão para seu subconsciente, você criará mais amor e apoio em sua vida. A gratidão é um fertilizante metafísico; ele aumenta tudo no lugar em que for lançado. Foque sua gratidão naquilo que você quer aumentar em sua vida e você logo sentirá seus efeitos.

Isto é feito melhor quando você está na cama, aquecido e relaxado. Então sua mente estará receptiva. Também vai assegurar que o sentimento de gratidão seja a última coisa que você faz à noite e a primeira coisa pela manhã.

Durante a gratidão matutina e vespertina, foque naquilo pelo que você é grato. Foque nos objetos da sua gratidão, até que você se sinta relaxar em um estado amoroso de gratidão. Dois a cinco minutos de gratidão, de manhã e à noite, podem mudar toda sua vida. Faça isto durante um mês e julgue por si mesmo.

Às vezes pode ser difícil encontrar algo pelo que sentir-se grato. Mas é durante estes tempos mais desafiadores que é mais importante focar nos aspectos positivos de sua vida. Prevenirá muito do estresse que você sentiria de outro modo e auxiliará você a mudar sua situação. Aqui há cinco coisas-chave pelas quais eu sempre sou grata. Não importa o que aconteça, são coisas pelas quais eu sei que sempre serei grata. Use-as como um ponto de partida e adicione suas próprias, para aumentar a lista.

1. Eu sempre sou grata por respirar. Onde há vida, há esperança. Não importa quão ruim seja qualquer situação em minha vida, se eu estou respirando, eu tenho uma oportunidade

de mudá-la. E por isto eu sou grata, e quanto mais terrível for minha situação, mais grata eu sou. Focar nesta gratidão faz com que as soluções venham mais rápido.

2. Eu sempre sou grata pelo amor que me sustenta em minha vida. Para mim, uma grande parte disto é minha conexão com Deus (ou o Divino, ou Espírito, ou o Universo). De lá eu sou sustentada totalmente. Eu sou profundamente grata por isto. Depois há a minha conexão com minha família e amigos. Minha vida é cheia de amor, mas às vezes eu preciso focar nele para me dar conta disto. Quanto mais eu foco no amor – e me sinto grata por ele – mais amor existe.

3. Eu sempre sou grata por não ter que dormir na chuva, por ter suficiente comida de boa qualidade para comer e água pura para beber. Estas coisas expandem e apóiam minha vida física. Para muitas pessoas no mundo, mesmo estas pequenas bênçãos representam rica abundância. Gratidão pelo que se tem traz mais para você.

4. Eu sempre sou grata por ter uma habilidade, visão e paixão para seguir meu próprio caminho de vida. Há liberdade e realização em seguir meu próprio caminho e isto me ensinou mais a meu respeito do que eu poderia ter aprendido, seguindo os sonhos e conselhos de outros. O que quer que eu esteja fazendo em minha vida, sempre está direcionado para minha visão. Minha paixão me dá foco e propósito e, quanto mais grata sou por isto, mais clara se torna minha visão.

5. E, finalmente, eu sempre sou grata pelas pequenas coisas, especialmente o encanamento moderno. O encanamento moderno tem feito mais para melhorar a saúde e o bem-estar das pessoas, do qualquer outro fator. Aumentou a duração média da vida, mais do que todos os efeitos da moderna medicina ou tecnologia. Sem o moderno encanamento, a cólera, o tifo e outras doenças terríveis ainda estariam grassando.

Eu aprecio a qualidade de vida que eu tenho hoje, em grande parte devido ao encanamento moderno. Para mim, é uma das verdadeiramente grandes realizações de qualquer civilização avançada e eu sou grata por viver em uma. Tal gratidão me lembra e me ajuda a encontrar o lado positivo de qualquer situação. Sem o encanamento moderno, em vez de problemas de esgoto, teríamos que encarar problemas de saúde pública bem mais sérios.

Se for de ajuda para você manter um diário de gratidão e anotar estas coisas, faça-o. Contudo, tal diário não é necessário. A coisa importante é como você sente. Para a gratidão realizar sua magia, você tem que *senti*-la.

Um espaço amoroso

Ao usar a primeira chave, você aprendeu como realizar a manutenção energética para você mesmo. Quando você tiver praticado isto suficientemente, sua energia da kundalini vai estar bem equilibrada e fluindo suavemente em ambas as direções, conectando-se tanto com a terra quanto com a fonte cósmica. Você pode usar esta energia para criar um espaço verdadeiramente amoroso para você mesmo. Você faz isto através de seu chacra cardíaco, o chacra do equilíbrio.

Enquanto o trabalho com sua mente, foco e intenção, mantém a força e o tamanho do seu espaço, o trabalho com seu coração mantém a qualidade do seu espaço. Ao trabalhar com seu chacra cardíaco deste modo, você liberará mais energia para você e reduzirá qualquer estresse emocional que você possa estar sentindo. Se você está experienciando qualquer ansiedade ou depressão, achará este processo muito benéfico.

Trabalhar com seu coração é o começo da maestria emocional. Se você pode escolher como você quer se sentir e depois sentir-se deste modo, você tem maestria emocional. Se você puder alternar à vontade de uma emoção para outra, você tem maestria emocional. Quando você pode escolher suas emoções, elas não mais o controlam. Você obtém maestria emocional ao aprender como usar a energia do seu coração.

Antes de fazer o próximo exercício, passe um momento ou dois sentindo a energia em seu espaço. Agora, qual qualidade seu espaço tem? Ele é leve e claro ou pesado e escuro? Ele é bom ou há partes dele que são desprazerosas? A energia nele está fluindo suavemente ou ela é indolente? Faça uma anotação para você referente a estas qualidades. Escreva se você quiser. Nós retornaremos a estas questões depois de você completar o exercício.

Aceitação fluente

Depois que você equilibrou a kundalini e a energia dos chacras (a terceira chave), foque mais uma vez no seu Canal da Kundalini. Especificamente, foque na área do seu Canal da Kundalini onde se conecta seu chacra cardíaco.

Perceba a energia cósmica e terrena passando por seu chacra cardíaco. Mais uma vez, você necessitará usar seu foco e intenção. Foque nas energias combinadas fluindo por seu chacra cardíaco. Intente para que elas fluam do Canal da Kundalini e para fora através de seu chacra cardíaco e daí para o resto do seu corpo. Sinta estas energias preenchendo cada célula do seu corpo, até transbordar. Mantenha o fluxo da energia através do seu chacra cardíaco, até que transborde do seu corpo para o espaço energético. Mantenha o fluxo até preencher todo o espaço energético. Continue fazendo isto, até você se sentir completo.

Quanto mais você pratica preencher seu espaço com energia cardíaca, mais claro e mais amoroso seu espaço será. Fazer este exercício abre seu coração para a aceitação, a gratidão e o amor incondicional. Com um espaço amoroso, fica mais fácil criar conexão em sua vida.

Agora que você preencheu seu espaço energético com aceitação e energia cardíaca amorosa e equilibrada, mais uma vez considere como você sente seu espaço. Que qualidade ele tem? Ele está leve e claro ou pesado e escuro? Ele está bom ou há partes dele que são desprazerosas? A energia nele está fluindo suavemente, ou ela é indolente? Mais uma vez, anote suas respostas.

Agora compare suas respostas com aquelas que você deu antes de fazer o exercício. Há alguma diferença? Qual é?

Preencher seu espaço com a energia da aceitação e do amor incondicional tornará sua energia mais leve, aumentando sua vibração e qualidades nutridoras. Quanto mais você fizer isto, mais suave, luminosa e atraente sua energia se tornará. Preencha seu espaço com energia amorosa todo dia, como parte de sua manutenção energética regular. Em troca, você receberá aumento na saúde, bem-estar emocional, autoconfiança, alegria e muitos outros benefícios.

Empatia

Empatia é uma habilidade metafísica importante. Combinada com a telepatia, ela dá a você alcance e habilidade, de onde você pode desenvolver a habilidade de curar, de comunicar-se e criar o que você quiser em sua vida. A empatia é a habilidade de usar seus sentimentos metafísica ou energeticamente. Você pode desenvolver empatia se for capaz de fazer uma distinção importante.

Esta distinção é central para a compreensão e a capacidade de trabalhar com suas habilidades psíquicas ou metafísicas. Se possível, pense em um tempo quando suas habilidades psíquicas trabalharam extremamente bem para você. Você é capaz de lembrar um momento destes? Rememore? Mesmo que tenha sido apenas por um momento, quando suas habilidades psíquicas estavam trabalhando em sua melhor condição, como você se sentia? Você estava emocionado?

Esta é a distinção que você precisa aprender – a diferença entre sentimentos e emoções.

Um sentimento é uma sensação – algo que você apenas sente. Você pode senti-lo no seu corpo físico ou em um de seus corpos energéticos, ou no seu espaço energético. Você o observa. Um sentimento não é acompanhado por qualquer necessidade de fazer algo a respeito do sentimento. Uma emoção, contudo, é uma motivação.

As emoções carregam um propósito próprio. Elas impulsionam você em direção a uma ação. Uma emoção é um sentimento com um julgamento anexado.

Seus sentimentos dão a você um sentido de seu ambiente, seja físico ou metafísico (energético), no presente momento. Eles lhe dão informação, mas deixam para você usar a informação como você decidir. Ao acessar seus sentimentos através de seus sentidos metafísicos, você desenvolve suas habilidades psíquicas. Auxiliando você a focar no momento presente (sentimentos sempre se referem ao presente) e fornecendo informação com que trabalhar, elas auxiliam suas habilidades psíquicas.

Emoções, por outro lado, são uma resposta ao ambiente, seja físico ou metafísico (energético), e ao modo como o ambiente faz você se sentir. Por isto, as emoções estão sempre fora do tempo presente, pois estão sempre baseadas em uma memória do passado ou em uma expectativa do futuro. Elas são criadas quando você tem um sentimento, depois tem um pensamento a respeito deste sentimento. Isto é o que cria a emoção. Devido à sua força e sua tendência para criar apegos a um resultado particular e tirar você do tempo presente, suas emoções podem impedir suas habilidades psíquicas.

Quando você está fora do tempo presente, você não se dará conta do que está acontecendo agora. Você estará respondendo a suas próprias projeções, medos ou esperanças, em vez daquilo que é. Para desenvolver suas habilidades psíquicas, você primeiro precisa da habilidade para escolher suas emoções. É mais fácil para você escolher quando você tem um sentimento, do que quando você tem uma emoção.

O processo seguinte ajudará você a se dar conta de quando você está operando a partir dos seus sentimentos e, portanto, com eficiência metafísica, e quando você está operando a partir das emoções e, portanto, com ineficiência metafísica.

Maestria emocional 1

Foque no medo. Lembre-se de um tempo em que você sentiu muito medo. Quando você se lembrar tão claramente a ponto de sentir o medo, libere a memória e foque na emoção. Uma vez que você estiver claramente experienciando a emoção, mude seu foco para os sentimentos subjacentes à emoção.

O sentimento é o conjunto de sensações corporais associadas com a emoção. São estas sensações que carregam a informação, enquanto a emoção carrega o julgamento.

Para ajudar a mudar seu foco para seus sentimentos, pergunte-se o seguinte: Onde em meu corpo está localizada a emoção? Qual é o padrão de sua energia? Quão grande é? É quente ou fria? Está pulsando? Em que direção pulsa? Posso senti-la fora do meu corpo, no meu espaço energético? Cada emoção tem seu padrão energético único. Isto é o que você está sentindo. É este padrão que seu subconsciente julga, para chegar a uma emoção. Reconheça seu padrão emocional para medo.

Agora libere este foco e esta emoção. Repita o processo, só que desta vez foque no amor. Desta vez, lembre-se de quando você se sentiu plenamente amado. Quando você estiver experienciando claramente a emoção, mude seu foco para seus sentimentos. Mais uma vez, formule as perguntas arroladas acima.

Os estados energéticos conectados com cada emoção variam de pessoa para pessoa, apesar de que, em geral, os sentimentos mais expansivos, como amor, são sentidos por todo lugar, enquanto os mais opressores, como o medo, estão restritos a uma área específica do corpo. O medo geralmente está restrito à área do intestino, o luto aos pulmões, etc. Similarmente, os sentimentos mais expansivos e conectados, como o amor, geralmente têm uma sensação de quietude associada a eles, enquanto os mais opressores, como o medo, muitas vezes pulsam.

Quando você for capaz de reconhecer seus padrões energéticos para medo e amor, vá para outras emoções. Faça este exercício tanto com emoções negativas quanto positivas. Obtenha clareza sobre seus sentimentos associados com cada emoção. Quanto mais amplo seu 'vocabulário' emocional, mais rapidamente você alcançará maestria emocional. Um bom vocabulário emoção/sentimento começaria com medo, amor, raiva, ira, luto, tristeza, apatia, tédio, alegria, felicidade, interesse, entusiasmo, êxtase, maravilhamento e serenidade.

Ser capaz de reconhecer os sentimentos de suas emoções e assim remover o julgamento que você tem é um importante passo em direção à maestria emocional. Se você decidir que um julgamento não serve para você, o passo seguinte é liberar a emoção.

Quando quiser liberar uma emoção, você precisa completar seu ciclo e assim liberá-la de seu espaço, do mesmo modo que você aprendeu a completar pensamentos. Para completar uma emoção, você necessitará reconhecê-la, do mesmo modo que necessita reconhecer um pensamento para completá-lo. Aqui, contudo, o reconhecimento precisa ser no nível emocional. Um reconhecimento emocional é o sentimento de aceitação.

Algo curador, saudável, para fazer por você mesmo e outros, é fluir energia cardíaca equilibrada, ou aceitação, em direção a qualquer emoção. Este é um modo de obter maestria emocional. O exercício seguinte é outro modo, muito simples.

Maestria emocional 2

Mais uma vez, foque no medo. Recupere seu estado energético ou sensação, do exercício anterior. Reproduza sua energia. Onde você se sentiu tenso antes, tensione sua energia agora. Onde você se sentiu pesado, solidifique sua energia agora. Continue trabalhando nisto, até que você tenha recriado o estado sentido como medo.

Quando você o faz, o que acontece?

Correto. Você sente medo. Bom. Agora foque no amor. Recupere o estado energético do amor da experiência anterior e o reproduza exatamente como você fez com o medo. Onde você sentiu leveza com a energia do amor, sinta leveza agora. Onde você sentiu expansão, expanda sua energia agora. E o que acontece quando você completou isto? Correto. Agora você sente amor.

Através da percepção de seus sentimentos e emoções, você pode receber informação metafisicamente, à medida que você se dá conta do que estes padrões energéticos significam. E você pode usar estes mesmos padrões para controlar seu estado emocional. Agora que você conhece seus padrões energéticos, você pode mudar seu estado emocional para o amor, sempre que escolher.

Leve este exercício ao próximo nível. Mais uma vez, reproduza o estado energético do medo. Agora o intensifique. E intensifique-o novamente. Aumente o poder desta emoção, até que ela seja tão forte quanto você puder suportar. Quando isto acontece, *mude*! Libere seu foco do medo e mude-o para o amor. Reproduza o estado energético do amor tão intensamente quanto você for capaz. Continue a aumentá-lo, até que você não sinta mais medo.

Você também pode querer praticar alternar entre outras emoções, tanto negativas quanto positivas. Quanto maior seu vocabulário emocional, mais rapidamente você alcançará maestria emocional. Boas mudanças para se praticar são alegria para serenidade, felicidade para medo, interesse para antagonismo, entusiasmo para luto, êxtase para apatia, maravilhamento para luto, serenidade para raiva, raiva para apatia, ira para alegria, luto para raiva, tristeza para tédio, apatia para interesse e tédio para entusiasmo. Pratique entrar e sair destas emoções.

Lembre-se de terminar cada sessão com amor. Isto vai finalizar a sessão em uma boa nota e ajudar você a liberar qualquer emoção negativa que você tenha experienciado na sessão, bem como qualquer energia de associações passadas com esta emoção.

Esta é outra chave importante para a maestria emocional. Uma vez que você for capaz de reproduzir o estado energético de uma emoção, você pode entrar e sair dela à vontade. Suas emoções não têm mais controle sobre você, a não ser o controle que você lhes dá.

12 Manobras de Treinamento Telepático

Uma vez que você aprendeu a usar as cinco chaves, seu próximo passo será juntá-las todas. Eis aqui um exercício de treinamento, para ajudar você a fazer isto. Para este exercício, você necessitará de um parceiro.

Comece equilibrando suas energias e assegurando que seu espaço está claro e mantido forte. Depois sintonize sua energia com a do seu parceiro. Abra seu espaço amoroso para o seu parceiro e procure os padrões de pensamento desta pessoa. Mantenha estas condições enquanto completa o exercício, e você ficará surpreso de quão rápido você progride.

1. Pegue alguns objetos e coloque-os entre você e seu parceiro. Decida quem vai começar. A primeira pessoa foca em um dos objetos, com a intenção de que a outra pessoa receba o pensamento deste objeto. Quando pronto, a primeira pessoa diz, "comece". A outra pessoa então diz a primeira coisa que vem à sua mente. Se a resposta for incorreta, a primeira pessoa responde, "Obrigado, tente novamente". Se a resposta for correta, a primeira pessoa responde, "Muito bem, isto é brilhante". Quando o objeto é corretamente identificado, troque os papéis. A segunda pessoa agora escolhe um objeto e o processo é repetido. Quanto mais positivos seus feedbacks mútuos puderem ser, mais rapidamente vocês progredirão. Lembrem de dar muitos reconhecimentos.

2. Quando vocês tiverem executado o primeiro passo com sucesso, tornem o exercício um pouco mais desafiante. Movam para lados opostos de uma porta fechada. Isto removerá qualquer ajuda inconsciente que vocês possam estar recebendo da linguagem corporal. Cada parceiro trabalha com metade dos objetos, quando o passo 1 do processo for repetido. Assegure-se de que seu reconhecimento seja dito alto o suficiente, para ser

ouvido através da porta fechada. Continuem, até que ambos os parceiros tenham novamente sucesso.

3. Quando vocês tiverem sucesso no segundo nível, vocês podem ir para o terceiro nível. Este é igual ao passo 2, exceto que a distância é maior. Use salas separadas no prédio. Envie o pensamento do primeiro objeto por dois minutos, depois envie o pensamento do segundo objeto por dois minutos, e assim por diante. Quem envia escreve os nomes dos objetos enviados em sequência, enquanto o receptor escreve os objetos recebidos, em sequência. Depois, os dois comparam as anotações. Continuem até que ambos os parceiros tenham sucesso novamente.

4. Mais uma vez, o sucesso traz um desafio maior. Sente-se diante de seu parceiro, mas desta vez, não use objetos. Desta vez, foque em uma curta mensagem, tal como "é um belo dia" ou "o céu está azul", com a intenção de que seu parceiro receba a mensagem. Reconheça as tentativas de seu parceiro e dê feedback positivo. Continuem trabalhando nisto, até que vocês obtenham sucesso.

É importante lembrar que todos nós recebemos informação metafísica de modos diferentes. Se há uma dificuldade na comunicação telepática, geralmente isto se deve ao fato de uma das pessoas não estar presente ou porque a mensagem recebida é erroneamente interpretada. Para garantir que ambos, você e seu parceiro, estejam presentes, equilibrem seus fluxos energéticos, assegurem-se de que estão sustentando seus espaços, sintonizem com a energia de seu parceiro e procurem pelos padrões na mente de seu parceiro, enquanto vocês abrem seu espaço ao amor.

Aprender a interpretar mensagens telepáticas corretamente leva tempo, assim como levou tempo para aprender a falar e entender outros, quando você era uma criancinha. Telepaticamente, todos nós começamos como crianças. Portanto, seja gentil com seu parceiro. Se seu parceiro receber uma mensagem similar à que você está enviando, dê-lhe este feedback. Você pode estar pensando "o céu é azul" e seu parceiro pode receber "o chão é verde". Isto é um grande começo, portanto afirme isto.

5. Novamente, ocupem lados opostos da porta. Enviem e recebam mensagens curtas, tais como "eu gosto de chocolate". Continuem até obterem sucesso.

6. Vão para salas diferentes. Alternem-se enviando e recebendo mensagens curtas, por dois minutos cada vez, anotando-as como antes. Continuem com o processo, dando um ao outro feedback positivo, até que vocês tenham sucesso.

Agora que vocês são capazes de enviar e receber mensagens telepáticas, está na hora de fazê-lo "de verdade". Quando vocês alcançam este nível, você e seu parceiro telepático não precisam estar no mesmo prédio, ou até na mesma cidade.

7. Envie uma mensagem para seu parceiro em um horário combinado. Isto possibilita que seu parceiro esteja presente e "ouvindo". Anotem todas as mensagens enviadas e recebidas. Comparem as anotações e continuem praticando.

Este último passo vai ensinar a vocês não apenas como enviar a uma distância considerável, mas também ensinará a vocês como se darem conta de quando alguém está enviando a vocês. Você frequentemente sentirá um puxão em seu espaço energético quando alguém estiver enviando a você. Este é o sinal para parar, fazer-se presente e abrir seu espaço para o que quer que esteja vindo.

Posfácio: A Grande Revolução

A humanidade está cativa de uma grande revolução. Esta não é uma revolução da sociedade, mas um momento de evolução. Detemo-nos no começo de uma nova era. De fato, a humanidade está testemunhando seu próprio renascimento em uma nova raça — uma raça psíquica.

Muitas pessoas atualmente veem o interesse crescente nas questões metafísicas como uma moda curiosa. Outros o acham atraente e inspirador. Eu espero que você seja um deles. Eu espero que você se sinta fortemente atraído por elas e suficientemente inspirado para praticar o que está neste livro — se não para o seu bem, então para o bem de seus filhos.

Que há uma força evolucionária trabalhando, levando o *Homo sapiens sapiens* a se tornar *Homo sapiens psíquico*, é demonstrado pelas crianças nascidas daqueles que desenvolveram suas habilidades psíquicas. Tais crianças são ainda mais dotadas que seus pais. Tais maravilhas da evolução merecem nossa ajuda. Elas merecem receber a orientação e educação que necessitarão para capitalizar seus talentos profundos e evitar que se tornem futuras vítimas da epidemia silenciosa.

Se você é uma criança desta revolução, afetada por este momento de evolução, então pegue o que você aprendeu neste livro e use-o para transformar quaisquer vulnerabilidades que seus dons psíquicos lhe causaram em grandes habilidades que sustentarão e elevarão você. A habilidade metafísica é um impulso evolutivo para a humanidade. Já por ler este livro, você está ajudando o futuro a se manifestar. Ao trabalhar para equilibrar, desenvolver e dominar suas habilidades metafísicas, você é parte deste futuro.

Este livro foi composto na tipologia Bembo std 12 pt
títulos em Copperplate gothic light 20 pt
subtítulos em Bookman old antiqua 12 pt
impresso em papel offset 75g
em agosto de 2011 para a ProLíbera Editora